BOOKLET SERIES

越境
ブックレットシリーズ

第1巻

知識論

情報クラウド時代の〝知る〟という営み

◆

山田 肖子

東信堂

刊行によせて――越境ブックレットシリーズの考え方

グローバル化と知識社会の変容の中で「知識とはなにか」「だれにとっての知識か」が世界的に問い直されている。このブックレットシリーズでは、グローバルな視点から知識とその伝達過程を問うことを目指している。我々は、知識を、学校教育で教えられるような教科書的なものとしてではなく、より広い社会生活の中で、人々が物事を判断し、行動していくために選び取られ、意味づけされていくものとして捉えている。従って、本シリーズで取り上げる「知識」は、単なる情報とは異なり、それぞれの人々の価値判断によって選択され、再構成されたもの、とみなしている。

こうした理解に立つと、中立的で普遍的な知識というものは存在せず、必ずそれを構成した人（人々）の価値判断と目的があり、その「誰が」「何のために」知識を組み合わせて提示しているのか、という問題は、極めて重要であることが分かる。同時に、情報を選び取って自分なりに意味を持つ知識の体系にしていくことは、我々が何かを考え、意見や意思を形成するための最も本質的な営みだと言える。このような視点から知識や学習というものを捉え直すことで、本シリーズでは、現代社会の様々な課題の本質を照らし出そうとしている。

「越境」という言葉に込められているのは、一つには学問の垣根を越えること、もう一つは国の枠を超えて、自由、公正、人権、平和といった、人間にとっての普遍的価値や理念を再構築する、グローバルな知のアリーナを提示することである。

執筆陣の多くは研究者であるが、知識が形成される場や状況、そしてそれが人々の生活や社会の中で活用されるかたちも多様であることから、教育学、社会学、人類学、女性学など様々な学問分野を背景にしつつもそれらの枠を超え、世界の様々な事例を用いて議論を展開する。グローバル社会では、知識も必ずしも土地に縛られず、インターネットなどのバーチャルな空間で行われる知識形成や国境を超えた人や知識の移動が一般的になってきている。そこで、このシリーズでも、こうした流動性や価値の多様化を考慮し、キャリアパスの多様性、伝統知と学校知、女性、災害、紛争、環境と消費、メディア、移民、ディスタンスラーニング、子どもの貧困、市民性など、従来は知識の問題として議論されてこなかったテーマも含めて取り上げていきたい。

本来、社会科学とは、社会で起きている現象を理解するために発生した諸学問であったはずだが、現代では、学問分野が専門化、細分化し、現実社会で起きる出来事を諸学の中で包括的に捉えることができないという逆説的状況も生まれている。そこで、本シリーズでは、各専門分野での研究の精緻さはいったん横に措き、社会で何が起きているのか、そして、そうした出来事をもたらした人々は、どのような価値観に基づいて行動したのか、そこで生成され、共有された知識とは何だったのかを論じる。それによって、本当の意味で知識を獲得すること、そしてそれを学問として行うことの意味を読者とともに考えていきたい。新たな知識論の冒険へ、ともに歩もう。

シリーズ編者　山田肖子
天童睦子

目次／越境ブックレットシリーズ　1
知識論——情報クラウド時代の〝知る〟という営み

カット 宮﨑直子

越境ブックレットシリーズ　1

知識論——情報クラウド時代の〝知る〟という営み

1　はじめに――知識への不安とクラウド化

現代社会に生きる我々は、氾濫する情報の中で、便利さを享受しながら、戸惑いを感じてもいる。ふと何かを知りたいと思ったときに携帯電話に単語をささやけば、瞬時に答えらしきものが提供される。モノのインターネット化（Internet of Things: IoT）、ビッグデータの分析、人工知能（Artificial Intelligence: AI）など、テクノロジーの進歩が、今までは巨大なコンピュータや特別に訓練された人にしかできなかったような情報処理を日常生活で使えるレベルにまで簡略化し、生活を便利にしている。便利なのはありがたいが、どういうプロセスを経て、この便利な機能が我々に届けられているのか、全く分からなくていいのかと不安になることもある。二〇一七年に、伊藤公一朗というシカゴ大学の若手経済学者が書いた『データ分析の力』という新書がベストセラーになり、日経・経済図書文化賞、サントリー学芸賞をダブル受賞した。新書がこうした賞を取ることは極めて稀なことだという。一方では、印刷された本は年々売れなくなっており、現代人は知識や情報の取得に時間を割くことが少なくなっている。しかし、同時に、途中でどのような操作がなされているのか分からない便利さを享受し続けることにも不安がある。だから噛み砕いて理解できる、よくできた新書がありがたいということだろうか。
二〇年も昔に公開された「マトリックス」という映画がある。この中で、人間が現実と認識しているものは、コンピュータによってつくられた仮想世界であり、主人公がそのことに気づいて仮想世界を打ち壊そうとすると、彼は「不良品」としてコンピュータによって排除されそうになる。この映画は、社会の構造をコンピュータに支配され、人間が考えることを放棄する、という近未来に警鐘を鳴らしたものだろう。何かを知ろうとするとき、そこには必ず主体的な疑問があるはずである。疑問を持たなくなった時、我々は、何かわからない仕組みに取り込まれてしまう。

本書の主題は「知識」である。現代社会において、知識はどのように生成され、人はそれにどのように関わり、知識と社会の仕組みはどう関わっているのだろうか。

情報技術の発展は、確かに我々の情報取得の方法を大きく変えている。しかし、それは方法であって、知識生成そのものではない。本書では、知識を〝一定の目的と判断を伴って関連付けられ、論理的に構成された情報〟と捉えている。その意味で、知識は本来、それを求める人や共有する集団の動機や関心にのみ縛られ、組織や構造からは自由であるはずのものである。しかし、目新しい情報技術が我々を幻惑している一方で、我々は、既存の社会構造にも縛られている。バーチャルに浮遊しながらリアリティは旧態依然、という二極化の中で、我々は、やはりいい学校に行って高い学歴を身に付けようとしたり、学校でのいじめに苦しんだりする。

「社会は学校化している」と述べたのは、イリイチという学者である（一九八一）。彼は、学校という制度が、「学校に行った人」と「学校に行っていない人」というカテゴリーを作ってしまっていると言う。また、学校で教える知識として選び取られ、カリキュラムや教科書に反映された知識だけが〝正統な知識〟とされ、それ以外のかたちで学ぶことは、非正統として、脇に追いやられてしまう。そして、「学校に行った人」は、学校で身に付けた〝正統な知識〟に基づいて、社会のあらゆるシステムをかっちり作り、社会全体が「学校化」されてしまう。社会のどこに行っても学校的な知識と価値観から解き放たれることはない。それと同時に、正統化された知識やそれを学ぶプロセスは、実際に知識を用いる場から切り離され、現実的意味を失っていく。こうしたイリイチの議論の根本には、知識習得にまつわる構造ですら、何等かの価値判断を基に作り上げられており、その本質について問うことを忘れてはいけないという指摘が込められているだろう。

「教育は憲法で保障された権利」であり、中学校を卒業するまでは「義務教育」である。そして、その権利を保障されているのは「国民」であって、日本に住んでいても国民でなければ、その権利は同じようには保障されない。では、学校化された社会で非正統化された人々は、どのように知識を形成するのだろうか。

フレイレという学者は、抑圧されたり排除されたりした人々が、自らの置かれた立場を客観的に認識し、批判的な議論を形成する手段としても、教育が重要であることを指摘している。フレイレらが提唱する批判的教育学は、知識を再び学校から自由にし、構造変革のてこにしようとする考え方である。一般の学習者が、学校で〝正統〟とされる知識に、それをパッケージ化した人々の恣意が働いている、と考えることは稀である。しかし、もし自分がその中で〝異端〟あるいは〝非正統〟と扱われていたら、それをそのまま受け入れるかどうか、批判的に考察する権利はそれぞれの人が持っている。「発達障害だから」「外国人だから」「不登校だから」と学校化された社会で非正統とされるカテゴリーが形成されるのはなぜだろうか。

これは、インターネットから情報を受け取る場合にも通じる。検索エンジンが提示してきた検索結果やビッグデータの解析データに基づいて社会構造が作られていくなら、それは、後述するように、匿名の多数決をそのまま受け入れることである。そこには一定の志向性はあるだろう。しかし、我々個人がクラウド（雲）のような集団と同じように感じたり行動したりするかどうかは、無批判に受け入れる前に考えてみてもいいだろう。

情報技術や交通網の発達は、我々が様々な方法や場所で知識を形成することを可能にした。通学を前提としないディスタンスラーニングが活発化するかと思うと、学習者自身が他国の大学で単位や学位を習得するために渡航することも珍しくない。学校教育という制度が国家という枠組みに規定されて、「国民」を育てることを前提に存在し続ける一方で、知識獲得のかたちやそのための人々の行動は多様化している。二〇一〇年のチュニジアでのデモをきっかけとする「アラブの春」と呼ばれる反政府運動は、既存の社会構造の中で、就業の機会や所得の不平等に不満を募らせた若者が、ＳＮＳを通じて自らの置かれた状況に対抗する言説を展開し、それを共有するバーチャルなコミュニティを、国境を越えて形成したことでアラブ世界に広まった。こうしたＳＮＳの効果は、バーチャルな空間で知識が形成される可能性、そしてそれを形成するプロセスに関わった、いわば同じ疑問をもつ人々が、社会の仕組みを脱構築してしまうほどの影響をもつ可能性を示唆している。

このように、〝知識〟を切り口に思考を広げると、社会のあらゆる現象は、人々が自らの疑問や問題意識に基づいて情報を得て、それを知識としてパッケージ化し、更にそのパッケージを発信することが根本になっていることが分かる。本書では、知識がどのように生成するかを、５Ｗ１Ｈ——だれが（Who）、なにを（What）、いつ（When）、どこで（Where）、なぜ（Why）、どのように（How）——を念頭に考察していくこととする。知識獲得に関する方法も、構造も、場所も、内容も、誰が知識を支配するのかも、我々が知識を使いこなすための重要な問いである。知識とは何か、学ぶとはどういう営みか、教育とは何か、という命題は、教育学、社会学、哲学、認知科学、発達心理学など、様々な学問分野で考察されてきた。こうした学問の中で積み重ねられ、体系化されてきた学説を参照しながら、知識の意味を考えてみたい。

積み上げ型とネットワーク型の知識

我々人間にとって、知識とは生きるために欠かせないものである。我々は常に情報を基に何かを判断しているのだが、その情報はどのように我々に届けられるのだろうか。

「知識は体系立てて学ぶもの」という考えは、少し前なら疑う人はあまりいなかっただろう。学校の授業は、導入から理論、応用と徐々に知識を積み上げ、少しずつ抽象的な思考が出来るように構成されている。これは、確立された学問分野の考え方に基づいて、何をどう学ぶべきか、その分野の専門家が長い年月をかけて練り上げ、修正してきた枠組みがあるからである。数学を学ぶのに、微分・積分をいきなり始めることは稀で、算術、代数、幾何と少しずつ積み上げたうえで、それらの知識を基により高度な内容に取り組むのが普通だ。何のために学んでいるかさっぱり分からず、眠くなることがあっても、いつか「なるほど」と役に立つ日が来るに違いないから、真摯に知識を吸収することが、ここでは重要になる。

一方、現代社会には、情報があふれかえっている。我々は、以前であれば、百科事典や専門書を調べて初めて答えを得られたような疑問に対する答えを、携帯電話で検索するだけで得られるようになった。文字を打ち込むことすら不要になり、携帯電話がマイクの音声から発話を拾ってくれる。急速に進歩する情報技術は、我々が家から一歩も出なくても、絶えず情報を一方的に提供してくれる状態を作り出している。総務省の調べでは、携帯電話、PHS、ブロードバンドという電気通信サービスのどれかに加入している人の割合は、日本人全体の一六八・四%である(二〇一七年三月時点)。一〇〇%を大きく超えているのは、複数の契約をしている人がかなりいることを示している。一〇年ほど前の二〇〇六年の七五・五%から二倍以上に増えている。こうした通信機器は、通話やメールといった個人対個人のコミュニケーションの道具として以上に、不特定多数の人への情報発信や情報入手の手段として使われている。検索ワードを入力すれば、たちどころに世界中のインターネットから関連する情報をコンピュータが選んで提供してくれる。

この新しい情報取得の仕方には、従来とは大きく違う点が二つある。一つは、以前だったら、ブロックを積むように、一定の体系に基づいて知識をつないでいき、ブロックの山の上にある「答え」を求めたのに対し、現代の情報技術は、魔法使いのように、我々をブロックの一ピースに導いてくれること。もう一つは、自分自身で疑問を形成するいとまがないこと。そして、この二つ目の点と大きく関係するのは、情報が単語化していることである。

誤解のないように申し上げるなら、私はこうした違いに基づいて、どちらかを非難しているわけではない。全く異なる知識獲得パラダイムが現代社会に共存していると述べているにすぎない。そして、こうした知識獲得パラダイムの錯そうともいえる状況が、改めて、我々に知識とは何か、その知識を用いるということが、社会及び

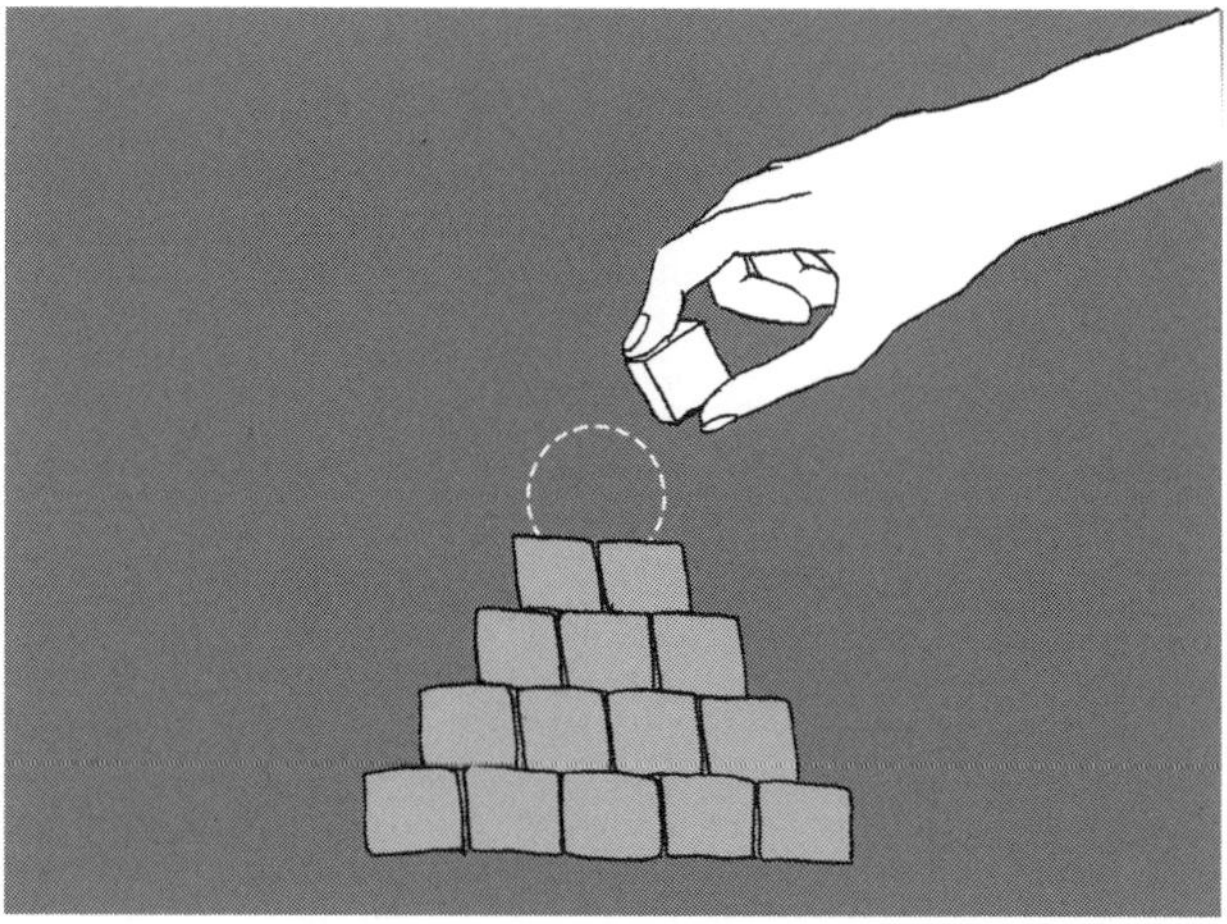

図1　積み上げ型の知識

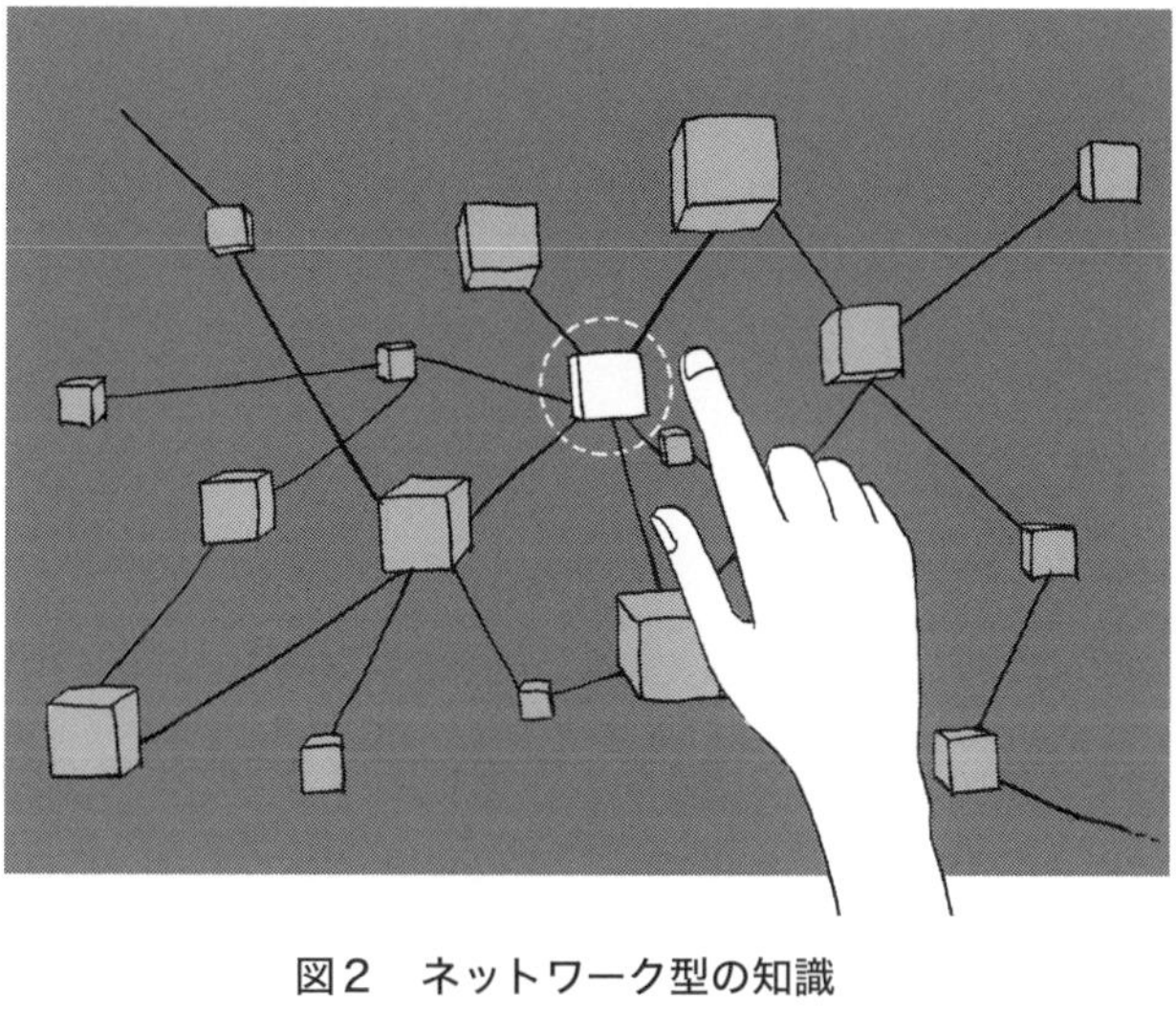

図2　ネットワーク型の知識

個人にとってどのような意味を持つのか、そして、知識を体系化して教え・学ぶという教育制度や学問体系はどうあるべきか、という問題を提起していると思うのである。

まず、一つ目の、知識をブロックのように順番に積み上げるか、いきなり一ピースのブロックをつまみ上げるか、という点について考えてみよう。インターネットで検索して、一ピースをつまみ上げたとしても、積み上げ型で一番上に来たのと全く同じピースに行き当たることもあるだろうし、違うものをつかむこともあるかもしれない。積み上げ型の知識獲得の長所は、論理の筋道が一定の集団の間で共有されていることだ。例えば、日銀のマイナス金利について、経済活動への政府の介入を極力抑えるべきだとする新古典派の経済学者だったら批判的な意見を言うだろう、とか、ケインズ主義的な経済学者だったら、経済浮揚のために政府が介入することも必要だと言うだろう、とか、大体想像がつく。それは、その学問集団の中に、一定の考え方の枠組みがあり、その論理に沿って現実の事象を説明していくと、大体、どんな提言をするかが見えるからだ。

一方、ネット型の知識獲得の場合、我々は「日銀　マイナス金利」とタイプするなり携帯電話のマイクに向かってしゃべるなりして、ボタンを押す。すると、「五分でわかる」とか「初めてでもわかる」といった解説的なページが検索上位に並ぶ。そうした中に、個人投資家向けと思われる、株式投資への影響について、とか不安を抱えた預金者のために、預金金利や生活への影響の可能性についてといった解説も見られる。あるいは日銀総裁の任期と現在の政策の継続性を心配する記事もある。私であれば、まず「五分でわかる」というタイトルを信じて、解説ページを開き、ちょっと読んでみて、すぐ離脱するか、そのまましばらく読むか判断するだろう。そのあとで、株式投資への影響あたりでも覗いてみるだろうか。インターネット利用者が一つのウェブページに滞在する時間の平均は一分未満だと言われていて（総務省 二〇〇九）、情報取得に対する我々の忍耐力は極めて低い。近年、入門解説的なテレビ番組やインターネット・サイトが多いのも、ブロックを積まずに、一番必要なピースだけほしい、という傾向が高まっていることを示していると言える。

こうした一ピースつまみ型の情報取得の場合、知識体系に縛られることはない。そのため、自分の興味によって、日銀のマイナス金利について、消費者生活、金融システム、政治と経済の関係、日銀総裁のポートレート、経済政策の理論的背景など、いろいろな知識体系に飛ぶ可能性が秘められている。積み上げ型だったら脱線しないような分野を知的好奇心の赴くままに渉猟し、自分なりの知識パッケージとすることができる。そこで生まれた知識パッケージは、文字情報だけでなく、映像や音楽も含んでいるかもしれないし、漫画と学問書も、面白いところだけつまむという意味では同列かもしれない。この、渉猟による創造の可能性は無限大に拡がったとも言える。つまり、我々は、従来であれば、それぞれ大変な労力と時間をかけて積み上げられたであろう体系的知識に基づいた、「日銀マイナス金利」のような事象に対する解釈や意味づけを、体系ではなく、興味を惹かれた事象の側からアプローチし、それに対する全く異なる出自の、しかし、コンピュータが「似ている」として提示してきたものとの関連で考察できる。最初は何も知らなくても、説明されている事象や、それに関連づけて語られる知識体系が面白いと思えば、そこから後付けで知識をたぐってもいい。いわば、知識は網目のように広がっていき、情報源であるコンピュータのみならず、知識そのものがネットワーク型になっているとも考えられる。

このように、知識獲得の道筋は確かに多様化している。ただしそれは、情報にアクセスする我々が、簡単に入手できる情報から、自らの知識パッケージをつくることができれば、である。ネットワーク型の知識は、広がりの大きさに比べて、厚みや深さは積み上げ型には及ばない場合が多い。また、知識体系とそれを伝えるための仕組みというのは、その知識体系が根ざした社会の構造の中に深く織り込まれている。従って、知識の獲得は社会構造のいかんに関わらず行うことが出来るが、そのように獲得された知識が、すぐさま社会の変化につながるわけではない。このことは、社会が学校化されている、という点とも関係しているので、後段で詳しく検討してみたい。

単語化された情報と頻度の魔力

さて、従来と新しい情報取得の方法の違いとして、疑問形成のいとまがない、情報が単語化する、という点を指摘した。これは、単語検索によって、我々が短時間で取得できる情報で満足してしまうことに起因している。

従来、情報は我々がもっと能動的に求めなければ手に入らないものだった。書店に行って本を選ぶ、誰かに質問をする、そうした行動を起こす時点で、自分はどういう情報を求めているか、ということを明確に意識していなければ求めているものに行き当たることができなかった。このことは、疑問を文章化することでもあり、自分の疑問を人に分かるように伝えるというアウトプットの能力を伴うものである。

私は、大学で修士課程や博士課程の学生の論文指導をしているが、この「疑問を形成する」能力というのは、実はかなり訓練しないと身に付かない。例えば、ある学問の入門書などを読んで、書いてあることを丸暗記しても、疑問の形成には至らない。読みながら「ここの説明は意味がよく分からない」と戸惑ったり、「自分だったら筆者と同じような考え方はしない」と心の中で批判したりするのは、筆者の思考の道筋を辿り、考えながら読んでいるからだ。そうすることで、「この本では十分説明されていなかったこの定理や理論をもっと学びたい」とか「同じような事象をこの本の筆者とは違うように説明している人は他にいないのか」といった、次につながる能動的な疑問が生まれてくる。疑問は、論理的に物事を理解しようとし、それを人に示そうとすることによって初めて形を持つ。だから、実は、何だかもやもやするが、それが何なのかわからない、ということも少なくない。大学の社会科学の教員の仕事のかなりの部分は、その〝もやもや〟を、学問として追究することのできる〝疑問〟にしていく手伝いだといっても過言ではない。

このように、真剣に学を修めようとする者にとってすら、疑問の形成は困難なのだが、それをしなくても知った気になれる、というのが、現代の情報技術のすばらしさでもあり、恐ろしさでもある。

「検索」とは、単語をベースに行われる。例えば、二つの単語を検索画面に入力するには、単語の間にスペースを入れればよい。それによって、コンピュータは、二語が独立したものであることを認識し、膨大なインターネットの中から、その二語が密接な関係で共起しているページを探してきてくれる。また、二語の間にスペースを入れると、コンピュータは、スペースを“and”という意味に解釈して、両方の単語が出てくるサイトを選んでくるが、“or”とか“not”といった接続語を間に挟むことで、単語間の関係性によって検索に限定をかけることもできる（ブーリアン検索という）。しかし、これらの接続語は、検索されるべき単語間の関係を規定しているに過ぎず、文章化された疑問にあるような「なぜ」「どのように」といった背後にある論理や因果関係への探求は、そこには存在しない。

ところで、我々が打ち込むキーワードに対して、答えを提示してくれるYahoo!やGoogleなどの検索エンジンは、どのようにして瞬時に我々に回答を提示しているのだろうか？　インターネットの検索は、アルゴリズムと言われるコンピュータ処理の定式に基づいて処理されているのだが、その定式がどのようにプログラム化されているかは、一般には公開されていない。ただ、広く言われているのは、あるサイトが他のサイトから沢山リンクを張られているかどうか、人々がインターネットの検索をするときによく用いるキーワードが使われているかどうか、サイトが休眠状態でなく、頻繁に更新されているかどうか、といったことをコンピュータが判断して、検索結果の上位に来るサイトが決められているということだ。また、その検索エンジンのメカニズムを把握したうえで、SEO（検索エンジン最適化）を図り、より多くのネットユーザーに情報を届けることは、企業のマーケティング戦略の重要な一環になっているのである。そしてこのSEOでどのような設定をすると有利か、というのも、検索エンジン運営業者とマーケティング業者の間のイタチごっこのようなものであるらしい。

ここから、いくつかのことが分かる。一つは、検索の上位に来る情報は、頻繁に検索されたりアクセスされたりしていることにより、「多くの人が興味を持っている」とコンピュータに判断されたものだということ。もう一つは、検索のランキングが、情報そのものの価値とほぼ同義になってきているということだ。そして、そのことが分かるからこそ、「アクセス数を増やしたい」という欲望に多くの人々が魅了されたり、「情報の価値」を人為的に上げる有料サービスというのも成り立ったりするようになる。

情報の価値は、名前も年齢も、出身地も分からない世界中の人々（日本語サイトの場合は、日本語を使う人に限られるが）の頭に浮かぶ単語と反射的な選択によって決まる。そして、その情報は、検索上位に来ることによって、更に多くの人の目に触れ、「情報の価値」におけるヒエラルキーの上位に押し上げられることになる。そして、そのアクセス数の根源にあるのは単語である。更に、画像も重要なのだという。Facebook や Instagram、Twitter などのSNSで、自分が興味のある単語にハッシュタグ(#)がついたサイトを渉猟し、写真が目に飛び込んできたページだけ見る、という行為は我々の多くが実際に行ったことがあるだろう。二〇一七年の流行語大賞に「インスタ映え(インスタグラムで見栄えがする写真)」という言葉が選ばれたことに象徴されるように、情報の価値は、短い単語での検索、瞬間的に目に飛び込む見栄えのいい映像、その結果として得られる沢山の「いいね!」で決まる。

さて、問題は、「多くの人が興味を持っている」事柄が現代社会の知識の基盤だ、と言い切ってしまっていいのかということである。本来、多数決の原理は、市民の多様な意見を全て政治に反映することができない国家や組織において、全員による直接投票であれ、選挙によって選ばれた代表者による間接投票であれ、議決権者のうちの一定数以上の意見が収れんした提案を全体の決定事項として採用する、という政治上の制度である。これは、明示的な制度であり、投票自体は匿名で行われるものの、その結果として採用される法律、予算、仕組みなどが、その後の市民生活に大きな影響を及ぼすことを、人々が十分に認識していることを制度の前提としている。もちろん、この「認識」が不十分なために、投票率が低いとか、十分な議論がなされないまま重大な法案が可決してしまうといったことはあり得る。この「認識の欠如」も本書で追々議論したいことではあるが、ひとまず措いておこう。ここで述べたいのは、制度化された参加メカニズムの中で、多数の意思は目に見える形で議論され、採用される、ということだ。

それに対し、インターネットの世界での情報の価値序列は、明示的な決定プロセスがないだけでなく、個々のネット利用者の検索やページ当たり滞在時間、「いいね！」や星による評価が積みあがるプロセスにおいて、何かの価値を形成しようという、社会や集団に共通の意思が存在するわけではない。多くの人が繰り返し閲覧し、自分のメッセージを足して意味づけをしながら再度拡散する。そうすることによって、多くの人が関心を持っている事柄に、次第に独特の意味や使われ方がされるようになる。しかも、それはネット社会に存在する限り、一時的なブームで終わる場合もあれば、時間が経ってまた関心を持たれるなど、空間だけでなく、時間軸も行ったり戻ったりする。そうしながら、無関係だった情報がつながりのある情報とみなされるようになったり、今までなかった意味を持ったり、再発見されたりする。

意識化された言説とクラウド

人は、社会的な生き物である。ネットの世界で、不特定多数の他人の反応によって、個人が受け取る情報の価値が影響されるように、人に意見を表明したり、やり取りしたりする中で、そこに関わった人々の間に共通の知識が生まれる。その知識は、その集団の外にいる人にとっては意味を持たないものであっても、その集団の中で行動し、物事を判断するための基礎になっていく。

このように、もともとは異なる意図や力関係にある人々や集団が、お互いの関心が一致するところで、何等かの言葉を用いて文章や発話をやり取りし、相互に言及し合いながらその言葉に独自の意味を与えていく過程を「言説（discourse）」という。

例えば、言説分析の祖とも言われるミッシェル・フーコーは、『狂気の歴史』という本で、ルネサンス以降の西欧で、「狂気」という概念がどのように形成されたかを分析している。一体、この「狂気」という単語は、どういう症状を持つ人を叙述するために、どのように用いられたのか。芸術や文学の中で「狂気」はどのように表現されてきたか。もともとは漠然としていたとしても、社会規範から外れているように見える行動を取る人やうつろな目をした人物を「狂気」として描写することにより、その言葉は特定の意味を持っていく。フーコーは、このように近代西欧において言説を通じて形成された「狂気」という概念が、そのカテゴリーに分類された人々を隔離するための施設や制度といった現実の構造に織り込まれていく様子も示している。このように、言説が権力や社会構造と絡み合って形成されていることを分析するアプローチとして、批判的言説分析というものがある。

さて、この『狂気の歴史』の例からも分かるように、言説とは、一定の集団の中で、何か共通の関心事を正当づけたり、異なる意見を調整したりして、共有の知識を作るプロセスと考えることができる。はじめに挙げた「アラブの春」の例は、インターネットという仮想の空間において、共通の社会不満をもつ若者が運動の論理、一貫性、正当性をともに作り出し、共有知とした典型的な例と言える。この他にも、消費者運動や政治信条を共有する人々の活動など、言説としてとらえると、その方向性や知識の意味が理解できるものが多い。

さて、現代のネット社会に話を戻そう。インターネットでの情報のやり取りは、この批判的言説分析で説明できる部分とできない部分がある。何かの販売促進や考え方の普及を目指したサイトや、自社の執筆方針に沿って記事が書かれたメディアの記事、あるいは個人的信条の主張など、何等かの意図があって情報に意味づけして発信している場合は、発信者の意図と、それに反発したり賛同したりする受信者の関係が明確に存在する。従って、発信者と受け手双方の議論の内容とその背景を紐解けば、言説が何を動機として、何を目指して形成されたかが把握できる。

他方、インターネットは、瞬発的に情報を渡り歩く受け手、という新しいカテゴリーのアクターを生み出した。この種のアクターは、事象ごと、検索結果ごとに読む傾向が違うので、何かの意図を持った発信に対し、系統的に影響を受けるわけではない。このカテゴリーに当てはまる行動をする人は極めて多い半面、ネットサーファー型とそうでない人、というように、人間をカテゴリーに分けることはできない。一面では意図的な発信者である人や集団も、それ以外の局面では、気まぐれなネットサーファーであったりする。従って、特定の人物に注目して、その人のインターネット上での利用履歴を見ても、そこに言説と言えるような法則性はないのである。

こうした、アクターに明確な特徴や意図がない、という場合の言説は、従来の批判的言説分析ではうまく捉えられない。つまり、批判的言説分析では、言説を形成する人々や組織の間に権力構造があり、そのように、背後にある力関係に影響されて言説の方向性や内容が決まっていくと想定しているのだが、現代では、そうした条件が揃わなくても言説が生まれることが少なくないのだ。また、このように意図を持った集団が特定できないタイプの言説に影響を与えるのは、権威ある学者や専門家の書いた体系的書物であるとは限らない。むしろ、情報取得への忍耐力が極度に落ちている現代人の多くは、体系性とは違う、より感覚的なものに動かされて言説を形成していると言えるのではないか。中核がなく、誰かの明確な意思に導かれているわけでもないことから、この知識形成のプロセスは、**クラウド**のようである。つまり、ネットワーク上に存在するデータの保存場所やメールボックスのサービスのように、特定の地理的な場所には縛られず、どこからでもアクセスできる。一方、データサー

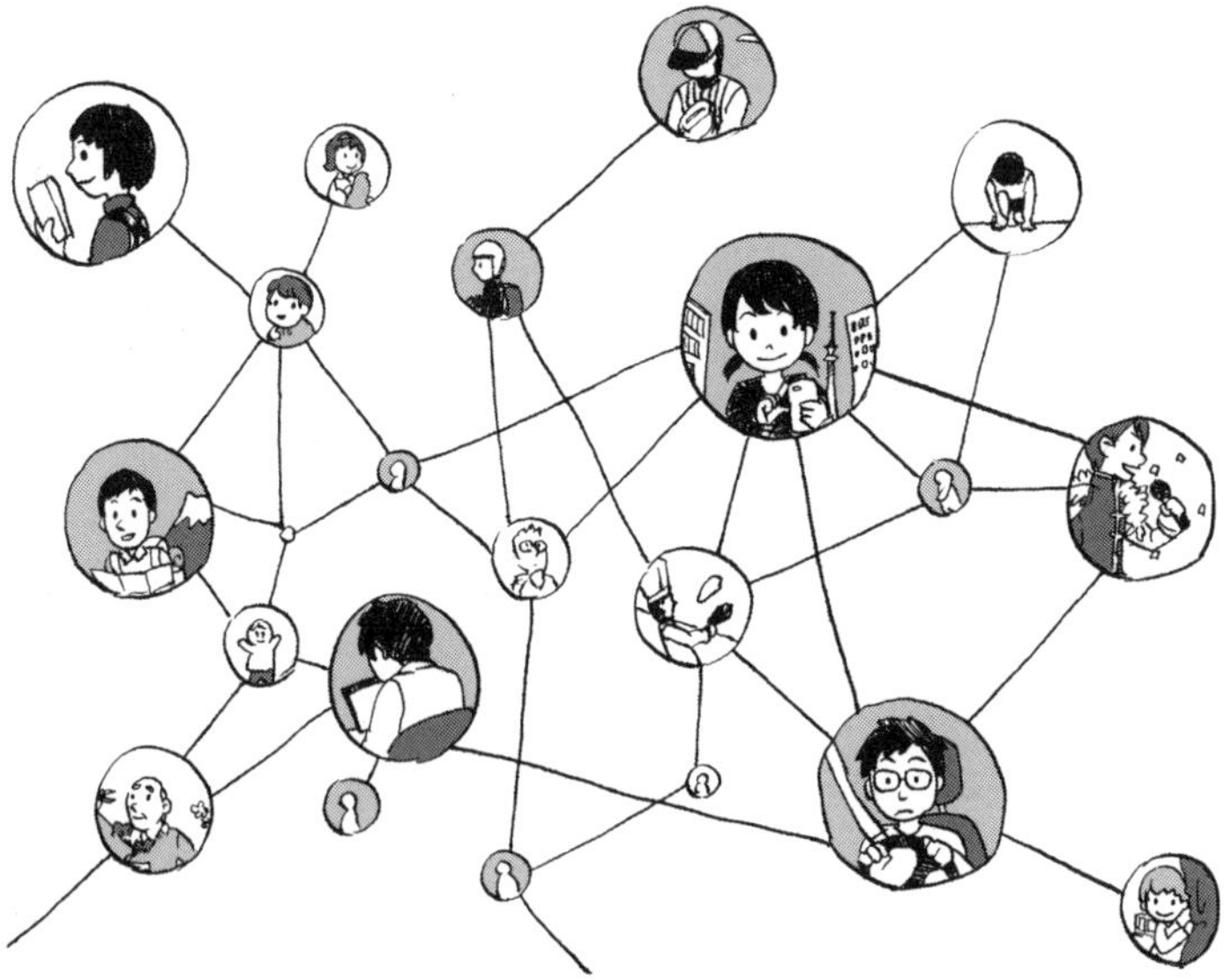

図3　社会ネットワーク分析のイメージ

ビスと違うところは、責任の所在や、情報の出所ですらも雲のようにつかみにくい点である。つかみどころがないにも関わらず、言説は形成され、現実に反映されていくのである。

最近、流行っている社会ネットワーク分析やビッグデータを使ったネット利用者の行動分析などは、こうした、本人が何か明確な意図があるかないかにかかわらず、不特定多数の人々が何かに対して行動した場合に、その行動は何に誘発されているか、どのような関係性で影響が広がっているかを捉えようとしている（C・カドゥシン著、五十嵐祐監訳 二〇一五）。SNSを通じた影響の伝播などは典型的な社会ネットワーク分析の対象となりえるが、そのほか、疫病の拡散ルートを特定するとか、交通網の利用者の動向を把握するとか、様々な目的に使われる。

コミュニケーション分析において、個人や組織の特性とそこから推定される意図を前提とせずに、クラウド的に情報や行動が伝播する様を、大量の数値データで解析するというのは、言説分析の可能性を広げるものとして、大変興味深い。同時に、注意しなければならないのは、社会ネットワーク分析のような新しい分析手法は、研究する人の側に問いがあって、その分析から提示したい事柄がはっきり存在するからこそ、意味を成すということである。どんなに素晴らしい道具があっても、それを使って何を明らかにしたいかが分かっていなければ、そのデータからは何も見えてこない。つまり、知識を生成しているのは、分析者の側であり、クラウド的なデータとして捕捉されている人々の側ではない。しかし、ビッグデータの一部になっている個人の行動は、分析者の手を経て、結果的に何かの類型を生み出し、その類型に合わせて企業のマーケティング戦略が練られたり、商品や制度がつくられている。

知識と情報の違い

さて、ここまで私は、「知識」と「情報」という言葉の違いを明確に説明しないまま用いてきた。この二つを分けるのは、それを使うものの意思が介在するかどうかである。つまり、本書で扱う**知識とは、単なる情報ではなく、判断を伴って選択、加工され、知識を得ようとするものが、自分なりにパッケージ化したもののことである**。言い換えれば、両者の違いは、料理と食材のようなものである。キノコなど、毒性のあるものと美味なものは見た目ではほとんど区別がつかないことがある。根菜類など、比較的日持ちするものから、その日のうちに食べなければいけないほど賞味期限が短いものもある。安いことを選択基準にする人もいれば、値段は多少高くとも、無農薬有機栽培などにこだわる人もいるだろう。情報とは、これと同じように、いろいろな質や性格のものが混在しており、それを選ぶ基準も様々である。選択の判断も難しいし、時間もかけたくない、という場合に通販の食材パックなどを買う行為は、ネット検索で上位に挙げられたものを読むのとも似ている。つまり、他者の判断を信頼して、その結論に至った過程を細かく詮索しない、という姿勢である。これは大変便利なサービスであるので、全ての買い物を自ら店に出向いてしなくても、時には通販を利用すればいいのと同じように、情報は情報として活用すればいい場面は多い。但し、ものごとの判断まで検索ランキングで上位の意見に合わせるようになっては、情報によって意思を奪われてしまったことになる。自分なりの問いをもって情報にアクセスすると、その問いに答えるために必要な情報がおのずと分かってくる。この料理に使いたい食材と、要らない食材があるように。そして、ある論理で考えていくと、他の論理で組み立てられた説明とは整合しない場合も出てくる。食い合わせが悪くて、一緒に食べない方がいい食材のようなものだ。

前節で「言説」の形成について述べた。言説とは、集団の中で共有化される知識の生成過程と言ってもいいだろう。昨今では、この言説が、明確な意思のないクラウドによって生まれてしまうことが少なくないことを指摘したが、本書の定義によれば、それは、個人にとっては情報に過ぎず、知識はなっていない。それにもかかわらず、不特定多数のクラウドにおいて、こうした漠然とした傾向性を持った情報群が知識として認知されてしまうことがある。知識として認知されたものは社会的に意味を持ち、その知識を前提とする社会構造を生み出していく。フーコーが分析した「狂気」の定義が、やがて「狂人」を隔離する制度や施設という形を取ったように。

もし、我々が意識的に生成過程に参加していない知識が社会の仕組みを作ってしまうなら、我々は、いつのまにか無自覚にそれに承認を与え、取り込まれることになる。これはまさに、映画「マトリックス」の世界だ。つまり、知る意思を示さなくても、関与した意識がなくても、我々は生成された知識の結果には責任を負う。それであれば、能動的に知ろうとすること、自分なりの問いを形成することは重要なのではないだろうか。

尚、知る、という営みには、個人のレベルと集団のレベルがある。言説が集団のレベルでの知識生成だとすれば、個人のレベルの知識獲得(学習)も存在する。それについては、哲学や教育学で多くの体系化された考え方があるので、後段で取り上げたいと思う。

さて、情報を知識と勘違いして、いつのまにか判断を放棄してしまうことには注意が必要である。しかし、知識を積み上げ型で形成するか、ネットワーク型で形成するかは、ここでは問題ではない。積み上げ型で学ぶことで、我々は先人が体系化してくれた知識を分かりやすく、順序立てて学ぶことができる。例えば私の専門分野にも関係する社会理論や教育理論だが、これは古典を最初から読んでも、なかなか理解できるものではない。何のことか分からずに読んで全て忘れてしまうよりは、読むための航海図となるような体系化された参考書を見ながら理解を深めたほうがいいだろう。その一方で、では社会理論の系譜をそらで言えたら何かの役に立つかと言えば、それもまた違う。大学で学問をやっている人は、「〇〇学」として体系立った知識の守り人のようなものだろうと思う読者もいるかもしれない。しかし、私はむしろ、自分はネットワーク型の発想とフットワークを大事にしたいと思っている。社会科学の諸学(経済学、社会学、教育学、法学、政治学など)の歴史を振り返ると、それは、社会で起きている(起きかけている)事象を抽象化し、理論として一般化しようとする試みや、現実に困っている状況に対応するための手段や発想法を生み出そうとするところから始まっていることが分かる。

例えば、カール・マルクスは、産業革命真っただ中のイギリスで、資本家に搾取される労働者を見て、経済が社会の不平等をもたらす基底構造だと考えた。その少しあとに現れたマックス・ウェーバーは、経済にも社会生活にも通底する近代西欧文明の根本価値として、プロテスタンティズムの禁欲と合理性を見出した。彼らを、社会科学の一つの分野に分類することは不可能だ。なぜなら、彼らは社会そのものの姿を説明するモデルを構築しようとしたのであって、社会学、政治学、経済学などの何れの学者であろうともしていなかったからだ。後の時代の人々が、彼らの考え方に沿って、マルクス主義経済学とか、機能主義社会学とか、学問の区分を作っていった。最初は粗削りだった理論を、より現実に対応できるように修正したり精緻化したりすることは重要だ。そうして学問分野が確立されることによって、前の世代では及ばなかった分析ができることにもつながる。

他方、学問分野というのは、一度確立すると、他の分野との境界線をより強固にして独自性を示そうとする傾向がある。〝分野が〟というより、そこに属する人々が、その学問分野で歓迎される研究手法や考え方、取り上げるべきテーマなどを、実践を通じて形づくっていくのである（Klein 2005）。従って、草創期から時間が経てばたつほど、学問分野は細分化して、発想が硬直化する可能性がある。一度構造化されてしまうと、若い研究者が新しい課題に挑戦したいという場面があったとしても、学会で評価されるタイプの研究でなければ、研究費に応募しても採択されないのではないかとか、論文を掲載してもらえないのではないかと心配したら、リスクは犯せなくなってしまう。もちろん、そうならない学問分野もあるし、社会の新しい変化に対応して生まれる新しい学問分野もある。こうした新しい学問は、往々にして学際的（様々な学問分野にまたがる）だが、それは、社会で起きている新しい現象を理解しようとしたら、一つの学問には収まっていられない場合があるからである。

つまり、社会科学とは、社会を科学的に探究する諸学問であり、社会が変化したら、社会科学もその変化した社会を理解するために進化していくべきものである。従って、私自身は、ネットワーク型の知的渉猟を研究につなげることこそ、社会科学者の本懐ではないかとすら思う。

知識が社会構造を変えるか

中学、高校で西欧史を習ったときに「グーテンベルクの印刷術」という言葉を暗記した読者も多いのではないか。なぜ六〇〇年以上も前のドイツの印刷業者がそんなに世界史上、重要なのだろうか。グーテンベルクは、活版印刷技術を開発して、印刷革命を起こしたと言われる。ベネディクト・アンダーソンという学者は、この印刷技術こそ、キリスト教という宗教を大衆化させ、消費に基づく資本主義経済とともに、同じ言語を読む言語集団の間で国民国家を形成することに貢献したと述べている(一九八三)。一五世紀に至るまで、聖書は、修道院で写本され、限られた聖職者の間でしか読まれていなかった。従って、神と対話することも、聖書を解釈することも、特定の階級にのみ帰属する行いだったのである。それが、印刷術の革命により、情報を文字で獲得するという手段が、一般に広まることになった。当初はラテン語で印刷されていた聖書が、やがてドイツ語やフランス語、英語といった、人々の生活言語に翻訳され、大量に印刷されることにより、宗教を共有し、それを同じ言語で読む人々の間に、共同体のようなものが生まれてくる。この共同体は、印刷技術によって、物理的に空間を共有しない人との間でも知識を共有できるようになったことで結束を保った。それがやがて形成される国民国家の枠組みにつながっていく。

このグーテンベルクの印刷術は、先述のウェーバーの理論にも関係している。さきに私は、ウェーバーが、近代西欧文明の根本価値としてプロテスタンティズムを挙げていると述べた。宗教改革のきっかけともなったキリスト教の大衆化は、印刷術の革命なしには語れないのである。プロテスタントの諸教派は、大衆化したキリスト教において、エリート主義的なカトリックとは異なる倫理感を形成した。すなわち、神への奉仕は、寄付や教典の難しい解釈ではなく、倹約、勤勉の態度で示すことができ、勤勉の結果、利潤が生まれたら神の恩寵である、というものである。この倫理観が、近代合理主義と資本主義、そしてその考え方に基づく国民国家の諸制度につながっていったというのが、ウェーバーの考えである。

さて、この一五世紀の印刷技術革命が示唆することがいくつかある。一つは、知識伝播の方法が変わることは、社会そのものを変質させる可能性を持つこと。二つ目は、知識の共有は、価値の共有を意味し、その知識自体がそれを共有する人々をつなぐアイデンティティの重要な要素になっていくこと。そして三つ目は、こうして形成された共有知に基づく帰属意識を持った人々の集団が、やがて国家のような統治や制御のための機構を伴う社会構造になっていくことである。変化のきっかけは、「誰が」、「どうやって」知るか、という知識の5W1Hの根幹に関わる技術革新である。

現代では、誰でもインターネットで情報を発信でき、日常生活では会うこともないような他国の政治指導者がツイッターなどで書いたコメントに直接意見を書くこともできる。誰とでもつながる可能性があるという状況は、知識生成という観点で見ると、どこにでも、同じ価値を共有する人々による認識上の空間が生まれることを意味している。認識上の空間とは、我々の実際の存在とは別の位相で交わされる言説形成の場、といったことである。つまり、言説の形成のされ方が変わると、世の中の意思決定のしかた、職業の序列、正しい行いの判断基準、などなど、様々な側面に変化が生まれる可能性があるのである。人々の関係性の中で知識が形成され、共有されることが、社会の構造すら変えるとするならば、知識とは大変影響力のあるものであり、また、それをどのように形成し、行使するかはそれなりの責任を伴うものであると言える。

よく知られているように、新聞やテレビのニュースには、会社のスタンスがある。伝えている〝事実〟は同じものだとしても、その事実のどの部分に焦点を当てて伝えているか、また、その事実にどのような意味があると説明しているかは会社によって違うことがままある。よく「左寄り」とか「右寄り」とか言われるが、日本と近隣の国との関係について、日本政府の歴史見解を前提としてそれを補足する材料を集めて提示する場合と、近隣の国々の戦争被害者の視点で同じ〝事実〟を報道する場合では、受け手に与える影響は全く違う可能性がある。あるいは、朝のテレビでは、どのチャンネルも同じ凄惨な殺人事件を取り上げられていた日に、駅で買った新聞には、全く違う経済ニュースや、ある野球チームの戦績が一面に大きく出ているかもしれない。印刷媒体とテレビでは、ニュースを発信するまでの時間に差もあるし、メディア会社が想定する読者・視聴者層や社の方針によって、情報のパッケージのされ方が異なる。

こう考えると、SNSは専門家でない個人の見解に過ぎないが、専門家が言うことなら絶対正しい、というような、どんな場合も当てはまる黄金律はない。もちろん、数学の定理とか車のエンジンの仕組みとか、疑ってかかることにほとんど意味がないと思われるような機能的で一般化した知識も存在する。しかし、それですら、「そういうことに決まっている」と思って丸暗記するだけだったら、技術や科学の進歩はない。このエンジンはガソリンの燃焼によって動力を伝達するエネルギーを作り出しているが、動かしたいという目的が果たせさえすれば、別の方法でもいいのではないか、もっと地球にやさしいエネルギー効率のいい方法があるのではないか、と思う技術者がいたから、ハイブリッド車や電気自動車が開発できたのである。そういう意味では、優れた科学者や変革者は、常識（当たり前化してしまった知識）を疑うことに長けているとも言えるかもしれない。

知識は誰かの価値判断に基づいてパッケージ化されたもの、という理解に立つと、その「誰か」とは誰なのか、何のために知識を組み合わせて提示しているのか、という問題は、極めて重要であることが分かる。同時に、情報を選び取って自分なりに意味を持つ知識の体系にしていくことは、我々が何かを考え、意見や意思を形成するための最も本質的な営みだと言える。この、情報を選び取って自分の中の知識体系を作っていくことこそ〝学ぶ〟という行為なのである。

2 「学校化」と「脱学校」

本書の冒頭で紹介したイリイチは、社会が学校化されていると述べた。学校という制度が、学校で教える〝正統な知識〟とそうでない知識を分離してしまい、「学校に行った人」が作る社会のあらゆる制度は、この〝正統な知識〟とその根源にある価値観に基づいているのだと。これまで、私は、いかに現代社会では知識生成の方法が変化しており、それによって従来の枠組みとは違った集団の言説が生まれ、それが社会構造にすら影響を及ぼす可能性があることを述べてきた。それなのに、結局社会は学校のようであり、学校で教えられる〝正統な知識〟を身に付けたかどうかが、我々の社会での居場所を決定づけてしまうのだろうか。

二〇一四年に発表した『学校化した社会（The Schooled Society）』という本で、デービッド・ベーカー（David P. Baker）は、学校教育はもはや世界文化だと指摘している。イリイチが『脱学校の社会（Deschooling Society）』を発表してから四〇年、その間、学校教育は急速に拡大し、いまや世界の成人の八〇％が、少なくとも文字の読み書きができる程度までは学校で教育を受けていると言われる。こうなると、もはや学校教育は、それを受けた人が社会の仕組みを支配し、受けていない人を排除するといったものではなく、全ての人に空気のように共有され、当たり前すぎて、それがどういう価値観に基づいて作られたか、などを改めて問うこともない、世界全体に共有された「文化」になっている、というのが彼の主張である。従って、人の知識や学習と、社会との関係についてのあらゆる問題――例えば労働者の生産性を上げて経済発展を促進するとか、国の安定のために望ましい市民を育成するとか――に対する答えはすべて、学校教育にあるという考えに収れんするというのである。

私は、ベーカーの指摘する〝社会の総学校化〟と、イリイチの指摘する〝正統―非正統〟の対比及びそれに基づく包摂または排除は、現実の中で同時に起きているのだと思う。社会の総学校化とは、例えばこういうことである。

国際テストと世界文化

パリに本部を持つ国際機関であるOECD（経済協力開発機構）は、三年ごとに、世界の様々な国の一五歳の子どもを対象とするPISAと呼ばれる学習到達度調査を行っている。平たく言えば、テストである。一番最近行われた二〇一五年のPISAには、七二か国・地域から約五四万人、日本からは、一九八校、約六六〇〇人が参加した（国立教育政策研究所 二〇一五）。このPISAの特徴は、読解力、数学的リテラシー、科学的リテラシーの三分野において、現実の生活の様々な局面で、**知識を活用する能力**を測ろうとしている点である。知識を使う能力に重点が置かれているため、教科書に書いてあることをそのまま反復できてもいい得点は取れない。例えば数学的リテラシーであれば、アパートを借りる、グラフでCDの売り上げを比較する、点滴の速度と量を決める、といった具合である。一五歳という年齢に応じた認知的発達と適応能力を測ろうとしているので、受験者の国によって、学年はまちまちである。

さて、このPISAが始まった二〇〇〇年以降、日本では、我が国の生徒の成績の順位がいつになく低いことに衝撃が走った。三分野のテストが全て行われた二〇〇六年を例にとると、日本は参加五七か国中、数学的リテラシー一〇位、科学的リテラシー六位、読解力一五位だったが、これは、九〇年代まで、日本の生徒が国際テストで占めてきた順位を大きく下げたように思われたのである。この「ランキング下落」議論によく引き合いに出されたのが、国際教育到達度評価学会（IEA）による国際数学・理科教育調査（TIMSS）である。日本の生徒は、このTIMSSでは、数学、理科とも、七〇〜九〇年代初頭まで、一〜三位ばかり取っていた。それが、九〇年代半ばを過ぎると、じりじりと順位を落としていたところに、PISAの順位に更に低かったわけである。これは俗に、「PISAショック」と呼ばれ、ゆとり教育の弊害だ、という批判が高まり、学習指導要領を見直して、ゆとり教育で削減した数学や理科などの主要科目の授業時間数や内容を増加させる〝脱ゆとり〟の動きにつながった。

ここで注目すべきは、まず、国際テストのランキングが国内の学習指導要領の改訂にまでつながる大きなインパクトを持つことである。もし、日本の教育関係者が、世界には全く関心を払わず、日本のよき市民、よき労働者を育てようとしているだけであれば、世界との比較などは必要ないはずである。しかし、九〇年代まで、諸外国から詰め込み教育を批判されることはあっても、やはり日本の教育は質が高く、生徒は出来がいい、ということが誇りになっていたのである。他国との相対的位置づけを気にするということは、学校教育の枠組みやそこで教えられる内容に関して、根本的な価値観を他国と共有することと密接に関係している。言い換えれば、世界の数十か国の生徒の能力を一括して測定できるということは、それだけ教育制度の中身や目的が似ていて、違う国の教育制度で学んだ生徒でも、受けている教育のレベルや内容は大きく変わらないということを意味する。こうして、相対的に上位であろうとしたり、他国の長所から学ぼうとしたりしているうちに、諸国の教育制度は次第に同じような特徴を持つようになり、そこに学校教育を基礎にした世界文化が生まれるわけである。

さて、このように脱ゆとりを誘発したＰＩＳＡであるが、先にも述べたように、教科書や学習指導要領に定められた内容をいかに修得したかを測っているのではなく、現実の状況において知識を当てはめ、活用する能力を測っているテストである。そのことは、ＰＩＳＡショック当初はあまり注目されなかった。数学や理科のドリルを沢山やった生徒がＰＩＳＡで好成績を収める保証は全くなく、要は、実際にCDショップに張ってあるアーティストの売り上げを示したグラフから、自分の好きなアーティストが総売り上げに占める割合を計算できたり、アパートの部屋の面積を知るのに幾何の知識を脳から引っ張り出せたりすることが大事なのである。

日本の生徒はなぜＰＩＳＡで成績が振るわないのか…？　その疑問からＰＩＳＡで常に好成績を収めるフィンランドに注目が集まり、多くのスタディツアーが組まれたり、その教育実践について研究がなされたりした。実際、そうしたフィンランドへの関心は日本だけのものではなく、世界中からの視察や相談が殺到した結果、フィンランドでは国を挙げて海外からの教育観光を誘致するようになったほどである。こうして、世界の国々がＰＩＳＡやそれにまつわる知識観を共有していった結果、日本においても実際の状況で問題解決できる能力が重要であるという認識が共有化されていったのである。

現在、学習指導要領は平成二三年以降実施されてきたものから、平成三二年に完全実施される予定の改訂版までの移行期にある。この移行では、「ゆとり」か「詰め込み」の二項対立ではなく、基礎的な知識・技能の習得と思考力・判断力・表現力をバランスよく育てることが必要だとされている。生徒が実際の生活の中で問題解決できるようになるためには、教室の中での学習環境自体も、生徒が主体的に考え、知識を活用して判断できる能力を育てるようなものでなければいけない。このような考えから、「アクティブ・ラーニング」の実践が教師に奨励されるようになったのである。

我々がよく耳にする「アクティブ・ラーニング」や「問題解決型の能力」「二一世紀型スキル」といった言葉は、日本で突然もてはやされたわけではない。こうした世界的な動きの中で、世界文化としての学校教育に通底する価値観を、日本の状況に照らして翻訳適応しているのである。

国民のための教育

学校教育が世界文化だとなると、日本の教育システムは世界で共通に行われているものの単なるコピーなのだろうか。もちろん、そんなことはない。日本では、文部科学省が発行している学習指導要領に、科目ごと、学年ごとに、教えるべき内容と達成目標、そのために割かれるべき時間数が細かく決められている。学習指導要領は、有識者によって構成される中央教育審議会が大枠の方針を決め、その下部組織として部会が設置され、中央教育審議会の答申に沿って細かい内容が決められる。学習指導要領を改訂する際には、中央教育審議会答申や指導要領案に対して、パブリックコメントを受け付ける期間が設けられ、一般からも意見を言うことができる。こうして、専門家の英知を集め、一般の人々の意見も取り入れつつ作られている学習指導要領は、日本固有の課題や、現代の日本の置かれた状況に対して、これからの時代を担う若者にはどうあってほしいか、という期待も反映されている。従って、学習指導要領を見ると、アクティブ・ラーニングや問題解決型能力といった、国際的な潮流の影響を感じさせる表現が多い半面、近年、道徳教育を重視し、日本社会への帰属意識や他者との共存などの価値観を学校で伝えようとする傾向が強まっているのは、極めて日本固有の状況と言えるだろう。

戦後間もない一九四七年に策定された教育基本法が、二〇〇六年におよそ六〇年ぶりに改訂された。この間、日本は敗戦国から高度成長期を経て経済大国になり、グローバル化する国際環境の中での位置づけも様々な変化を経験した。親の仕事に伴って海外で教育を受けた帰国子女だけでなく、近年は、長期・短期の留学をする者も珍しくなくなっている。一方、いじめや受験競争など、学校教育を取り巻く社会問題への対応の必要性も広く認識されてきた。この六〇年の間に、学校教育に期待される役割として大きく変化したことの一つが、個人主義の行き過ぎを抑制して、社会的存在としての態度を形成するということだったのだろう。新教育基本法の前文に、「公共の精神を尊び」～「伝統を継承」する～といった表現がある他、第二条には、道徳心や国を愛する心、国際平和に貢献する態度の醸成が教育の目的として掲げられた。特に、愛国心を示唆する言葉が教育基本法に盛り込まれたことは、戦前、戦中の皇国主義的教育が日本を戦争に向かわせた歴史や近隣諸国との関係の悪化を案じる人々の間で大きな議論になったものである。

この改正教育基本法が制定された当時の政権の特徴や、その当時の社会的、政治的環境に深く踏み込むことは本書の目的ではない。しかし、社会の一員としての価値観や態度の形成を学校の重要な役割だと明示的に掲げることは、アメリカの民主主義や個人主義の影響を受けて作られた戦後日本の教育制度にとっては大きな転換点だったとは言えるだろう。敗戦後、アメリカやイギリスから成る連合国軍総司令部（ＧＨＱ）は、日本の軍国主義が大衆心理に入り込んだ大きな原因であるとして、学校で行われていた「修身」という、いわゆる道徳教育の科目を撤廃し、代わりに民主主義教育を導入した。しかし、連合国軍が去った一九五〇年代には、待ちかねたように学習指導要領に「道徳の時間」が導入されたのである。しかし、この「道徳の時間」は、長年、週一回の特設時間であって、「教科」ではなかった。そのように、長年、学校教育では中心から外れたものとして扱われてきた道徳を「教科」とすることは、文部科学省の検定に合格した教科書を使い、教師も教えるための訓練を受ける必要があるということである。

近年、道徳教育に関してよく言われるのは、どのような状況にも当てはまる正しい答えというものがあるわけではなく、むしろ、立場や意見が対立するような状況で、迷ったときでも、自分なりの判断基準を持って意思決定し、行動できるようになることが大事だという考えである。これは、いじめに同調しないとか、民族や性別、文化が違う人とも理解し合う努力をするといった、他者理解の側面を重視した道徳教育観である。この考え方は、根底に「アクティブ・ラーニング」や「問題解決型能力」につながる発想があると言える。つまり、これまで学んだ知識や経験から、自分だったらどうするか、と実際の状況に当てはめることができることが重要だという立場である。こうした言説が存在することは、極めて日本的な問題認識と世界文化になっている教育の発想が接合していることを示しており、非常に興味深い。

他方、道徳教育は、もっと保守的な考え方ともつながりやすい。「歴史や伝統を敬う」ことを道徳教育の重点とした場合、正解は常に過去の中にあり、新しい状況に直面しても、既存の社会の価値枠組みの中で、どう振舞うことが望まれているのかを考えることを生徒に要求していると言える。女の子だったら〜、日本人だったら〜、相手より年長だったら〜、といった、社会において自分に与えられた役割や分類の中で、自分の行動の正解を見つける。極論を言えば、状況がどうあろうと、この社会的役割や伝統に基づいた判断は一貫していて、ゆるぎないものである。

二〇〇六年に改訂された教育基本法には、この二つの道徳教育の方向性――自分で判断するための教育と社会の価値枠組みを自分自身のものとするための教育――が共存している。このことは、学校が非常に創造的な場にも、見えない囲いで人々の心を拘束する場にもなりうることを示している。

悩ましいのは、教師にとって教えやすいのは圧倒的に後者だということである。生徒に答えが一つではない問題を考えさせようとすることは、教師にも自信と力量が求められる。学習指導要領では、各教科、学年において教えるべき内容が細かく示されていて、教師は、それらを学期ごと、学年ごとに網羅していかなければならない。その中で、真の意味で主体的な学習を可能にするためには、教師も、独自の教案づくりにかなり時間を取られる。教師自身が用意してきた答えとは違うアプローチで、しかし間違っているとは言えない答えを出した生徒に、適切な評価と指導をすることができるだろうか。他の単元の授業の時間を圧迫するわけにもいかない。そうした諸々の懸念と条件のなかで、教師は、グループワークやディスカッションといった授業方法を取り入れるのみで、本質的な意味で〝主体性を促す授業〟をすることから逃れてしまう場合も少なくないだろう。これは、後段でも述べるように、本来、教師というのは我々が思っているよりもずっと難しい仕事であることを示している。同時に、分かりやすい、誰がやっても誤差が少ない仕事を与えられることの安心感が、学校教育をますます規格化し、不自由にしていくのである。

文化命題としてのカリキュラムと行政機構

学習指導要領は、専門家の知見や一般の国民からのパブリックコメントを取り入れ、更に日本の学校で学んだ人々が世界の他の国々で学ぶのと基礎的な認知的能力の形成において、大きな差がないことなどを考慮して策定される。これは時間をかけて、広く意見を聴取しながら作られるものなので、一旦公示されれば、日本社会全体の合意とみなされ、公立学校及び日本政府に認可された私立学校では、この学習指導要領の枠組みに従って教育が行われることになる。この学習指導要領が、教育学でいう〝カリキュラム〟にあたる。カリキュラムとは、達成すべき目標を設定し、それを実現するために必要な教育内容と学習支援を総合的に計画したものとされる。この〝達成すべき目標〟は、その社会が置かれた状況や直面する課題、文化的・社会的背景によって決まる。従って、カリキュラムは、何が教えられるべきかに関する〝文化的命題〟であるとも言われるのである (Popkewitz 1997: 304)。つまり、ある社会において、どういう人材が必要だと思われているか、そのために学校はどのように、何を教えるべきだと考えられているかを反映するのがカリキュラムである。

では、誰がそのあるべき教育や知識を選び、カリキュラムという形にパッケージ化するのか？　パブリックコメントを集める期間が設定されているとは言え、一般の人々が実際にこの機会を利用して、学習指導要領に対して意見を言おうとすることは稀であろう。前述の道徳教育の教科化のように、学校の役割や知識観に関する大きな転換を意味しうる変更の場合、有識者や現場の教員などが議論を喚起しようとし、メディアに取り上げられることはある。しかし、そうした議論に気づいたり、その根底にある本質的な問題に思考を巡らしたりする人々が日本全体でどれほどいるのだろうか。また、たとえ大勢の人がコメントを寄せたとしても、バラバラの個人が自身の家族や身近な状況に基づいて要望や苦言を呈しているものが大多数だとしたら、それらは教育制度全体の分析に基づく建設的な意見としては取り上げられにくいだろう。

気づいていない、関心がない、あるいは専門家の思考枠組みにうまく当てはまるようなコメントを出せていない、といった要因で、一般の市民からの意見が行政の方針である学習指導要領の改訂に明示的な影響を及ぼすことはなかなか難しい。アメリカなどでは、ロビイングやアドボカシーのプロが、何等かの利益集団の声を政策や制度に反映させるために活動することがよくある。彼らの多くは、政策形成に影響を与える様々な方法を知り、その実行にたけているという意味のプロで、特定のテーマ――例えば、女性や性的マイノリティの権利、銃規制など――の専門家ではない場合も多い。利益団体は、こうした人々を雇用し、効果的に政策に影響を及ぼそうとしている。言い換えれば、こうした職業が成り立つくらい、確立した政治や行政のメカニズムに対して、意見を形成し、反映させていくのは難しいのである。

本書の前段では、ネットワーク型の知識形成や言説が、社会構造を変える可能性を示唆した。現代では、知識や価値観を共有する可能性は、バーチャルなものも含めて大幅に拡大している。その一方で、既に出来上がっている社会構造に何らかの影響を与え、変革を行うためには、その社会構造の中で決められた意見発信の方法や、そこで用いられるべき専門用語や論旨の組み立て方にのっとっていなければならない。もしこれらの〝ルール〟や〝常識〟を踏まえていなければ、泡沫的な意見として真面目に取り合ってもらえない可能性が高い。そして、こうした〝ルール〟や〝常識〟は、文書などに明確に示されているものもあるが、多くの場合は、その仕組みの核心にかなり近いところで関わっていなければ知り得ない暗黙の共有知なのである。

こうした諸々の条件に鑑みると、よほど強い問題意識が相当数の人々の間で共有され、それを行政制度の中で効果的かつタイムリーに発信していかない限り、カリキュラムの専門家や文科省の官僚以外の人々から、学習指導要領の代替案が出てきて、それが採用されるということはなさそうである。また、儒教的な文化のためか、日本では伝統的に、権威ある人や行政官が、社会全体の福祉のためによく計らってくれるはずだという暗黙の信託があり、個別・具体的な中身に踏み込んで根本的に問い直すという習慣は、一般的にあまり根付いていないのかもしれない。つまり、学校や教育に関する重要な問題や懸念は、専門家がよく調査し、認識してくれているので、ことさら身構えた問題提起などしなくとも、制度にちゃんと反映されるはずだ、という漠然とした期待が多くの人に共有されていると言える。

こうした状況は、既存の社会構造や、それに基づいて決定される、学習指導要領も含めた様々な枠組みやルールに大きな問題がなく、国民の大多数が、各論での不満はあっても総論では今の方向性でいい、と納得している場合には、物事が円滑に機能し、成熟した社会の姿であると言える。また、社会の中に、このような大筋での合意がある場合、その成熟した教育制度の恩恵を、全ての国民が受けられるよう、行政上の配慮も連動して行われることになる。

学校とは、子どもや若者が一人前の社会の構成員となるための準備をする制度という性格を持っている。そのことから、その社会で生きていくための基礎知識や制度的理解、そこで適切に行動するための態度を身に付けてもらうために、教えられる内容や方法はある程度標準化される。また、住む場所や親の社会経済状況、子どもの性別、文化や宗教などに関係なく、すべての人が、その社会で最低限必要とみなされた内容を学ぶ機会を保障しようという判断が働く。それは一方では、個人の教育を受ける権利を保証するためであり、もう一方では、社会の秩序と安定のためでもある。こう考えると、標準化されたカリキュラムに基づく学校教育制度は、機会の公平化によって、格差を避けるためにバランスを取る仕組みとも言える。学校によって付加的経験に違いがあるとしても、全ての学齢児童が学校に行き、日本人として、最低限学ぶべきカリキュラム内容は必ず学べるよう、税収が少ない地方自治体には、国から追加的予算配分がなされている(義務教育費国庫負担)。日本では、昨今、高等学校の無償義務化のみならず、大学教育の無償化まで議論されているが、それは、税収によって支えられている国家教育制度が、日本社会の市民の合意に基づく責任として、学齢期の人口が学校に通う機会を公平にしようとしていることを意味する。

さて、日本では、財政のプライマリーバランス(税収と歳出の差)が恒常的に赤字になっていて、先進国の中でも財政状況が最も悪いと言われている。年金支出も拡大するなか、教育の無償化を更に推し進めることは、国の財政健全化を目指す方針には、少なくとも短期的には逆行する。しかし、これは日本に限らず広く見られる現象であるが、少しでも高いレベルの学校教育を受けたいという一般の人々の願いには根強いものがある。そこで、教育の無償化という目標は、選挙のキャンペーンなどで、分かりやすく政党の魅力を高めるために非常によくマニフェストに掲げられる。

先に、学校教育が世界文化になった背景に、この二〇年間ぐらいの期間に、途上国での教育機会の拡大があったことを指摘した。私自身が観察してきたアフリカの国々では、九〇年代後半から二〇〇〇年代に初等教育や中等教育の無償化を掲げて大衆の支持を得て政権を取った政党が非常に多かった（山田 二〇〇九）。しかし、多くの途上国では、そうした学校教育無償化の約束に財政的裏付けはなかったし、そのことを富裕層から貧困層も含めた様々な民族、文化集団の間でつまびらかに議論したうえで政策が実施されたわけでもない。これは日本においても同様で、行財政の様々な条件とは別に、学校教育の機会の公平化に関しては、政治的判断が先行しやすい。こうした政治的メッセージは、一次的には選挙による候補者への支持の表明という形で社会の合意を得られたことになる。しかし、その政策が社会の別の側面に対して及ぼす影響までは十分に認識されていないことも多い。

また、日本の場合、投票率は年々低下し（衆院選の投票率は、平成二年の七三・三％から平成二九年には五三・七％まで下落（総務省調べ））、国民の選挙離れが問題になっている。国民の半分近くが投票しなくとも、信託を受けたことになるという制度の中で、〝社会の合意〟として実施される施策は、全ての国民に当てはめられる。このように、行政制度や間接代表制に基づく社会構造は、我々が、そこで行われることに対して理解し、判断し、意見を述べずにいると、それ自体の運動メカニズムで動き続けながら、我々の認知とは少しずつずれていく可能性を秘めている。本書の冒頭で、「マトリックス」という映画において、社会構造がコンピュータによって支配され、人々が考えることを放棄してしまう近未来が描かれていることに触れたが、問題は、情報技術が進むことによって知識や判断の所有があいまいになるということだけではない。そもそも社会構造が社会そのものをコントロールしてしまいかねない運動性を持っているのであり、人々が、それについて疑問を抱いたり、自らの知識によって統制したりすることに関心を失うという土壌があることが、コンピュータによる支配にもつながるのであろう。ここでも、知識の本質的重要性が再認識されるのである。

学校化された社会における〝はみ出し者〟の言説

このように、日本社会全体で、総論に大きな意見の対立がなく、物事が現在の延長線上で実施され、そのための意思決定を専門家に任せても不安がなく、学習指導要領の改訂も含め、抜本的な制度変更が要望されていない場合には、我々が、意思決定に細かく関心を持たなくても、社会は動いていくのである。このような考え方は、社会理論では、**構造機能主義**と言われる。つまり、マックス・ウェーバーが考えたように、社会の中のいろいろな仕組み――経済や法律、政治、教育など――は、根本にある共通の価値観で有機的につながっていて、それぞれが影響し合いながら、少しずつ現実の状況に合わせて調整されている。そして、そうした仕組みに基づいて、実際に国家という社会を統制し、動かしているのが官僚制度ということになる。ウェーバーは、この官僚制度が、見えない檻のように、そこからはみ出す者に懲罰を与えたりして、人の行動を制御しているとも述べている。

こうした考え方は、社会というものが、自律的に均衡することを想定しているが、実際には、〝社会の合意〟に基づいているはずの制度の根底にある発想に馴染まない人々は少なくない。しかし、制度は、全ての人に共通に当てはめられ、そこで適切とされる行動を取らないと、その社会では〝はみ出し者〟として排除されていくことになる。イリイチが、学校化された社会においては、学校に行った人や学校で学ぶ知識が正統とされることで、学校に行かない人や学校以外で獲得される知識が非正統として排除される、と述べたのと同根の問題である。さて、もし人間の社会が、常に望ましいもの、正しいものを規範化し、それに沿っていない人や行動を排除せずにはいられないのだとすれば、〝非正統〟とされてしまう者にとっては、どのような知識獲得があり得、またその知識は、その者にどのような力を与えるのだろうか？

道徳教育や学習指導要領改訂まで思考を広げずとも、学校は社会の価値観を伝えるという役割を担っており、それによって暗黙のうちに、かなり規範的な性格を持っていることはご想像いただけるだろう。教師に〝いい生徒〟と言われるのは、教師が用意した「正解」を汲み取って、期待通りの答えを言う生徒であり、生徒手帳に書いてあるルールをしっかり守り、遅刻をせず、部活では活躍し、生徒会でもリーダーで…といったところだろうか。こういうことが全て自然にできて、しかも伸び伸びと青春を謳歌できる生徒ももちろんいる。しかし、教師や学校という場が発する暗黙のメッセージをひしひしと感じながら、そのように振る舞えない・振る舞いたくない者がいたとしたら、その生徒はどうなるのだろうか。自らが学校での（ひいては社会の）期待や規範に無関心で、周りからも放っておかれれば、好きなように行動し、周りも「あの人はああいう人だから」というだけだろう。しかし、学校の規範は極めて明白かつタイトなので、従わないまま放っておいてもらうことは難しいし、同時に、なぜ居心地が悪いのか、大人が、その生徒の視点に立ってじっくり話を聞いてくれる場面も少ない。自分もなにが嫌なのか、はっきり分かっていないことも少なくない。こうして、規範に馴染めない場合には、その馴染めない気持ちに気づかないふりをするなり押し隠すなりして、期待された役割を演じるか、いちいち反抗するか、抵抗することも、うまくやろうとすることも諦めてその場から身を引いてしまう場合が少なくないのである。

このように、学校という場で、教師と生徒や生徒同士のインターアクションの中から体験として習得される規範や価値観などを「隠れたカリキュラム」と呼んだりする。こうした隠れたカリキュラムは、学習指導要領で詳細に教える内容や方針が決められている「教科」とは違い、部活動や学校行事、日常の生活・学習指導などを通じて実施されている。しかし、こうした活動は、全て、社会に共有化されている規範に基づいて行われるので、社会の価値観を〝再生産〟していると言われる。ピエール・ブルデューという学者は、教育制度というものは、ある社会の支配的な文化に精通していることを前提としていると述べている。社会の支配的な価値観――ブルデューは「文化資本(Cultural capital)」と呼んでいる――に馴染めるか馴染めないかが学校での成功に大きく影響する。そして、その文化資本に馴染めるのは、家でも学校と同じような価値観を伝えられている子どもであり、宗教や言語、階級などによって、支配的な文化資本にあまり触れていない子どもは、学校でもうまくやれない可能性が高まるというのである。

日本の場合は、家庭の文化資本が大きく異なるということは少ないと一般的に思われているが、例えば、転校生だったり、片方か両方の親が外国人だったり、家庭にトラブルがあったり、様々な理由によって、不幸にも学校の文化資本に馴染めないことは十分にあり得るのである。あるいは、学校と家庭の文化資本が共通であっても、その中で〝いい子〟と扱われるような属性を備えていない場合、学校でも家庭でも逃げ場がないということにもなる。いずれにしても、高度に〝学校化〟した社会である日本では、学校に行くのが正しいことだとされているので、嫌がってもなだめて学校に行かせるのが一般的である。教室に行くのが辛いなら、保健室で過ごしてもいいから学校に行った方がよいのだ。

先に、学校化された社会では、学校に行くことと学ぶことをほとんど同義のように扱うと述べた。本当は、学ぶことはもっと自由な営みである。〝正統な〟知識を〝正統な〟場で学ぶことが権利であり義務だ、というのは、見方を変えれば、社会の仕組みの一つである学校が鉄の檻のように、知識を求める〝学び〟という営みを支配しているとも言えるのである。

悩んでいる親御さんが読まれたら、「この子の将来のために学校には行かなければいけないのに、無責任なことを言わないでください」と怒られるかもしれない。しかし、この「将来のため」は、本書の主題である「知識論」とは少し次元が違い、学校の卒業証書の問題である。少しでも偏差値が高い学校、少しでも上の教育段階の学歴がなければ、社会でいい仕事に就けないし、辛い思いをするだろう、という通念があること自体が、社会が学校化されていることの証左である。学校は、そこを通過した個人の商品価値を上げるためのラベルのようなもので、それを手に入れるためには高額の学費を投資しても構わないと思う人も沢山いる。こうした「学歴」の商品的な価値（レイヴとウェンガーという学者は〝交換価値〟と呼んでいる）については、本書の後段でも述べたいと思う。いずれにしても、構造としての学校は、社会の支配的な価値観を伝える仕組みで、現代の子どもから若者の生活の中で、必ず通過する義務（権利）を伴っている。しかし、その枠組みは、常にメインストリームとはみ出し者を作ることで維持されているとも言えるのである。

社会構造としての学校から〝はみ出す〟ということは、決して居心地のいいことではない。しかし、先述のように、技術の革新や人間の価値観の根本に関わる大きな変動が起こるとき、人々を評価したり懲罰を与えたりする枠組みである社会構造も変わる可能性がある。このような本質的な社会の変化をもたらすのは知識である。相対性理論を発見したアルバート・アインシュタインは、学校ではみ出しものだったと言われている。地動説を唱えたニコラウス・コペルニクスは、天動説が常識とされていた時代に、異端扱いされたが、「動いているのは地球の方である」という見解を変えることはなかった。明確な根拠と判断に基づいた知識は、やがてそれを荒唐無稽と批判していた社会の中から、支持者を獲得し、それが従来の常識を超える力を持った時、常識は入れ替わることがある。科学者のトーマス・クーン(一九七二)は、科学の歴史の中では、ある時期に支配的なパラダイム(判断枠組み)に基づいて多くの事象が説明されるが、やがて、それでは説明のつかない〝例外的な〟問題が多く見いだされるようになると述べている。そして、その例外のみを説明していたと思われる〝異端〟の考え方が、実は多くの事柄を理解するために使えるということが多くの人に認識されることによって、「パラダイム・シフト」が起きるのだとしている。

このように、〝居心地が悪い〟、〝何かがおかしい〟という感覚から生成される知識は、社会に共有化された判断枠組みであるパラダイムを転換する可能性がある。その根本にあるのは、我々自身の中にある〝問い〟である。社会構造を無批判に受け入れる行動の先には、こうしたパラダイム転換も、ひいては社会構造の調整も存在しないであろう。

二重の学校化――「ジハード対マックワールド」

さて、前段で、学校教育はもはや世界文化だ、とするベーカーの指摘に対し、それは実際に起きている現象なのだが、同時に制度としての学校教育は、国家単位で作られており、そこで教育を行うためのカリキュラム（日本では学習指導要領）には、現代の日本が置かれた状況のなかで、教育が果たすべき役割への期待が反映されていることを述べた。このように、グローバル化が進むと、一方では、よりグローバルに標準化された仕組みと、そこで評価される知識獲得のモデルに収れんされる動きが生まれるのだが、それに対する反作用のように、文化や宗教といった歴史的に形成されたアイデンティティを強化しようという動きも生まれる。日本の改正教育基本法で、「伝統と文化を継承する」とか「郷土を愛する」態度をはぐくむといった教育目的が盛り込まれたことも、こうしたグローバル化への反作用の例としてとらえることもできるだろう。

政治学者のフランシス・フクヤマは、一九九二年に発行された『歴史の終わり』という本のなかで、人間の歴史上、長く続いてきた国家の政治体制に関するイデオロギーの対立は、冷戦が終結し、民主主義と資本主義経済が普遍的な価値として広まることで終焉を迎えたと述べた。しかし、その後の世界では、むしろ宗教や文化に基づく民族主義的な動きが世界各地で強まり、かつて一つの国家に統合されていた地域の分離独立が相次いだ。こうした状況に対し、ベンジャミン・バーバーは、『ジハード対マックワールド』（一九九七）のなかで、冷戦の終結は、むしろそれまで抑圧されていた地域主義、民族主義の噴出を招いたと述べた。彼によれば、マクドナルドに象徴されるように、世界のどこでも同じようなサービスが得られる消費文化が普遍化する一方で、むしろそのように文化の差異や独自性を融解していくような影響に反発し、より伝統的、文化的な共同体への帰依が強まってもいる。「ジハード」という言葉は、イスラム教徒による聖戦を意味し、過激な宗教集団による行動を示唆する刺激的なものであるが、実際にこの本で論じているのは、もっと広い意味での伝統主義、民族主義である。

学校教育に立ち返ってみると、このジハードとマックワールドは、国民のための教育と世界文化としての教育という、二つの構造が重なって存在する状況を生み出している。そして、この二つの構造の間をどのようにバランスを取るかは、個人、学校、国家の戦略の問題になってくる。

例えば、近年では、日本でも国際バカロレア（International Baccalaureate: IB）に基づいて教育を行う高等学校が増えている。国際バカロレアとは、国際的に通用する大学入学資格が得られるプログラムであり、ジュネーブに本部がある国際バカロレア機構という組織が提供している。現在、世界の一四〇か国以上に、IBを導入している学校が存在するという。日本の高等学校で実施する場合には、IBの資格要件を満たすと同時に、日本の文部科学省のカリキュラムにも準拠し、日本の高等学校としての卒業資格も付与しなければならないので、教師にとっても、生徒にとっても、負担は多くなる。それでも、従来であれば、留学先の国の試験を受け直さなければならなかったのに対し、IB資格を取れば、多くの国の大学に留学するための障害が少なくなるということから、日本の教育制度にこだわらず、世界に教育機会を求めようとする人々にとっては、魅力的な制度である。こうした例は、学校単位で世界文化と国民のための教育を両立させようとしているケースであるが、このような学校が増加しており、また、文部科学省も「グローバル人材の育成」という目的に沿うものとして奨励している。

こうした世界的に通用する資格制度というのは、様々な形で存在している。ケンブリッジ大学試験機構（University of Cambridge Local Examinations Syndicate: UCLES）は、もともとイギリスの植民地だったコモンウェルスの国々を中心に、共通の教育資格を提供する仕組みとして、一般中等教育修了試験（International General Certificate of Secondary Education）

というものを実施している。そのほかに、ピアソン社という世界的な教育企業が行っているEdexelという資格試験は、インターナショナル・スクールなどで導入されている。こうした制度は、高等教育が国際化するなかで、出身国の制度や、現在の居住地にしばられることなく、学校教育の資格を無駄なく積み上げ、キャリア形成をしようとする個人の選択肢として人気が高まっている。

一方、自国の国民育成のため、独自の教育を行おうとしても、自国に強い産業がなく、国民の多くが海外へ移民することを望んでいたり、国家の教育行政を運営する行政官の能力や態勢が不十分だったりする場合、こうした国際的なプログラムに依存せざるを得ない場合もある。私は、数年前にインド洋のモルディブという国の教育省に頼まれて、モルディブの高校生の、ＵＣＬＥＳのＯレベル（Ordinary level: 一般レベルの略：第一〇学年程度を対象とする）資格試験での合格率が上がらない理由を調べたことがある。モルディブは、人口四〇万人程度のインド洋に浮かぶ環礁からなる島国で、首都のマーレのある一・七㎢ほどの本島に総人口の三分の一が密集している。歴史的には、高等学校はマーレにしかなく、高等教育を受けようとするものは、海外に行くしかなかった。九〇年代以降、環礁部にも高等学校ができ、また、教員や看護師、観光業などの専門職訓練校を昇格し、モルディブ国立大学が設立されたのは二〇一一年である。東京都の二三区の一つにも満たない程度の人口と、広範囲に散らばる環礁島に拡がる教育制度を効果的に運営するには、教育省の能力がなかなか追いつかない状態である。美しい海に囲まれ、観光業が盛んなモルディブであるが、ホテルや観光施設では外国人スタッフが多く、モルディブ人の雇用はあまり拡大していないのが実態であり、モルディブ人の多くは、高校を卒業したら海外に出て、就業するなり、高等教育に進学することを希望している。こうした中、海外の援助機関の支援を受け、教育省は、モルディブ独自の文化を尊重し、国民のアイデンティティの形成を目指したカリキュラム改革を行ったのであるが、中学・高等学校修了資格試験を独自に開発する能力を持った人材が不足していること、国際的に通用するUCLESのOレベル、Aレベル（Advanced Level: 上級レベルの略：一二年生程度を対象とする）試験に対する大衆の要望が強いことから、中学・高等学校の卒業証書を授与するための資格試験をUCLESの試験で代替していたのである。カリキュラムは国家で独自のものを作り、それに基づいて授業を行うにもかかわらず、修了資格試験は世界文化に基づいたOレベル、Aレベルで行うという、実践と評価が整合しない状況だった。そのため、Oレベル、Aレベル用の塾や家庭教師といった付加的なテスト対策をしていない生徒は、卒業試験に合格しにくいという現象が生まれていた（Yamada et, al 2015）。これは、学校や生徒個人の選択ではなく、国家として、世界標準のテストを教育制度の一部として導入している例だが、国民であることより、海外に移民する志向性が強い社会においては、国家教育制度を維持・運営することの意義自体があいまいになりかねないことを示している。

さて、上述の国際バカロレアやUCLESのAレベル試験などは、高等教育の選択肢を国内外に広げたい教育エリート層の移民の加速化につながっている。こうしたエリート層は、教育や職業の機会に応じて、個人で国境を越えて様々な場所に移住する。また、キャリアアップや遣り甲斐のために、移動を苦にせず、比較的短期間で移住を繰り返す可能性も高い。これに対し、政治的、経済的理由で、家族やコミュニティ単位で移住する人々は、移住先の社会構造の中に組み込まれることになる。エリート層の個人のように、教育やキャリアのために移動する人々で形成されるトランスナショナルなコミュニティの中にいて、どの国に行っても、国籍は多様でも比較的価値観の似た〝世界文化〟を共有する人々の中で生きていく場合と違い、こうした集団的移民をする人々は、移住先に長く暮らし、その社会の支配的な価値観に基づいて形成された社会構造の中で教育を受け、仕事を探すことが多くなる。こうした移民は、自らの出身である社会とは異なる価値観が支配する新しい環境の中で〝はみ出し者〟のレッテルを貼られることも少なくなく、他の場所から来たにもかかわらず、学校化された国家の中で民族的、文化的差異によって周縁に追いやられることになる。

こうした集団的移民の例としてよく挙げられるのがヨーロッパ都市におけるムスリム移民であろう。例えば、フランスの学校は、政教分離の原則に基づき、学校で宗教的な行為が禁じられているが、ムスリム移民の少女が、ヒジャーブと呼ばれるスカーフを頭に巻いて通学することが問題となり、二〇〇四年に公立学校におけるヒジャーブ禁止法が制定され、二〇一一年には、公共の場で顔を覆うものを着用することがすべて禁止されるに至っている。政教分離というフランスの支配的価値観と、こうした移民の道徳心や伝統が不整合を起こしたことが原因である。このヒジャーブは象徴的な例であるが、移民がこのように、常に〝はみ出し者〟として扱われ続けることが、移民の若者による暴動や社会不満への原因にもなっているのである (AlSayyad and Castells 2002)。

このように社会が学校化され、しかもその構造が一方ではグローバルな標準化に向かい、もう一方では、より民族的な価値や伝統を保持したり、国家を支える人材を育成したりすることを志向しているため、我々は、その二つの構造化された〝正統〟な学習や〝正統な〟知識の間で板挟みになることもある。アクティブ・ラーニングを通じて、実際の生活や仕事の場で問題解決できる能力を形成することが期待されながら、社会の秩序を維持し、既存の枠組みの中で与えられた役割を演じ、伝統を継承することを求められる。そしてそれらの、時に矛盾する社会構造からのメッセージは、〝学校に行った者〟としての証書を得ることによって栄達を遂げるという、目に見える成功モデルと共に提示される。こうした成功モデルを辿ることができるのであれば、学校で教えられる知識や価値観の正統性を疑う必要はないと思う人もいるだろう。疑ったり立ち止まったりすることで成功モデルへのわだちから外れてしまうのは愚かだと。他方、このように多重的に学校化した社会の中で、そのどれからも排除され、〝はみ出し者〟とされてしまう人々もいる。例えばヨーロッパの移民が、政治的、経済的な不安から逃れて少しでも平和で幸せな暮らしを得ようと移住したように、本来、〝はみ出す〟ことを望んでいる人はいない。しかし、社会構造とは、普遍化と特殊化、内包と排除のせめぎ合いの中で構築されるものである以上、線引きはどうしても行われてしまう。

こうした社会構造によって排除される人々が、既存の枠組みの中で反発したり抵抗したりしたとしても、それは、枠組み自体を問うことにはならない。しかし、なぜ自分が排除されるのか、なぜ自分はこの社会で居心地が悪いのか、という批判的問いから、社会の枠組み自体について客観的に観察する知識を構築することができれば、はみ出し者は、自らの論理で議論を組み立て、支配的な枠組みを変革する力を生み出すことができる可能性がある。我々が、個人として、そして意思を持った集団として、社会構造を批判的に解析し、飼いならす、もしくは変革するためには、〝正統化〟された知識を問い直し、自ら知識を再構築する作業が必要なのである。

では、自らの判断に基づいて問いを形成し、知識を得るとはどのような行為なのだろうか。知識の本質とはどのようなものなのだろうか。知識と社会構造の関係を議論した本章に続き、次章では、知ることと学ぶことについて考察することとする。

3 〝学ぶ〟という行為

「認識論（Epistemology）」という学問の領域がある。おおざっぱに言えば、知識の哲学で、人が何かを「知っている」と言えるためには、どういう条件を満たしている必要があるかを突き詰める学問である。現在、日本の大学で研究したり教えたりされている認識論は、ヨーロッパの近代合理主義の展開とともに形成されていったものが中心であり、頭の中での認識を身体や感覚から峻別し、そのうえでそれらがどう関係しているかを捉えようとしている。西欧では、知識が個人に属するという大前提に立ち、そのうえで、個人の主観と客体を切り離して考える。近年、その限界が指摘されることも多く、知識の持つ集団性、社会性を考える必要があるのではないかと言われるようにもなっている。例えば、本書の前段でも述べたように、ＳＮＳなどで、誰かが発信した情報を他の人がリツイートしたり、別の場面で引用したりすることによって、知識が個人ではなく、不特定多数の人によってつなぎ合わせられ、再解釈されて別の意味を持つ、ということは現代では日常的に起きている。さらに、西欧の認識論は、主観と客観を明確に区別したうえで、その相互作用を考えてきたが、実際には、物事は、主観によって認識されて初めて事実とみなされるのであるから、完全に客観的な事実というものはなく、それは主観と不可分であるという見解もある。実際、西欧以外の社会では、全く異なる認識論が存在してきた。

そこで本章では、異なる文化的背景や正当付けによって、どのような認識論——知識や教養についての考え方——がありうるかを簡単に紹介する。そのうえで、そうした認識論に基づいて、学ぶという営みや、学びに対して介入する「教育」という行為について、異なる立場からの議論を紹介することとする。前章では、学校という構造が果たしてしまう排除や規格化、そして社会システムの再生産に及ぼす影響を述べた。本章では、こうした構造を離れて、純粋に知識と向き合ったとき、それは、どのように獲得されるのかを考えていきたいと思う。

西欧哲学における「認識」と「存在」[1]

今朝、あなたが最初にしたことは何だろうか。歯磨きをしなかったという人はあまりいないだろう。寝起きでボーっとして、ほとんど何も考えずに習慣的に洗面所に向かうという、この行動も、子どもの頃に、「虫歯にならないように歯をみがきなさい」と大人に教えられ、どのようにブラッシングするかも知っているから出来る。その根本には、「虫歯」とはどういうものかに関する情報、それが栄養を美味しく適切に摂取することを通じて体の健康を維持することを阻害しかねないものであるという情報、そして、ブラッシングはそれを予防するための重要な手段だという情報が存在する。そして、それらは、何も考えなくても行える習慣として身についている。虫歯についての情報は、それだけでは自分にとってどんな意味があるかは明らかではない。しかし、「虫歯になると痛い」とか「万病のもとだ」といった**価値判断**があるからこそ、それを避けるために「ブラッシング」という別の知識を**つなぎ合わせ**ることが出来る。つなぎ合わせられた知識は、習慣化した歯磨きという行動によって**身体化**される。

「虫歯を避ける」という知識と行動を生む〝価値判断〟はどのように形成されるのだろうか。大人に言われて、「そうに決まっている」と信じ込む場合もあるかもしれない。あるいは、家族や友達が虫歯で苦しんでいるさまを見たり、自分が歯医者で治療を受けたりといった経験を経て、具体的に虫歯になった場合の状況が目に浮かぶということもあるだろう。生存のために必要な知識を得るのは、赤ん坊にある程度遺伝的に備わった能力であると言われている。同時に親や身近な大人など、他者から与えられた判断によって知識が意味を持つ側面もある。また、多くの研究者が、体験的に知識が積み上げられることの重要性を指摘している。「この情報は必要だ、なぜなら○○だから」という風に、我々の脳は判断し、その「なぜなら○○」の部分に、経験や、人から教えられた基準が働く。そして、その情報は、同じ価値判断に基づいて関係があると思われる他の情報と組み合わせられ、知識体系を作っていくのである。この考え方に基づけば、単なる情報は知識とは違う。その点からすると、自分の中で意味づけされていない科学記号や歴史の年号は知識ではない。

西欧の「認識論」では、知識を、⑴実際に目の前で起きている事象や事実、⑵それを見た人が、主観的に「これは○○である」と認識すること、⑶そのような認識を持つに至る根拠の三つから成り立つと考えてきた。⑶の根拠が信頼に足るものでなければ、⑵で形成される主観的な認識も信頼度が下がる。同時に、⑵の判断と⑶の根拠がうまく合致しない場合に、そのずれを調整する個人の判断あるいは社会の価値基準の修正が起きることがある。

締め切った部屋の床にピンポン玉を置いたら窓際の方に転がっていったとしよう。あなたは、「この床は、平行ではなく、少し傾斜しているな」という認識を持つ。その根拠は、「地球上の物体は重力を受けていて、傾斜があると、地球の中心に近い方（低い方）に転がる」という物理の法則である。物理や数学の法則は科学的に導き出されたもので、事象が変わっても、同じように当てはめてほぼ間違いないと〝合理的に〟判断できる。

他方、あなたの家におじいさんが生まれた時から置いてあった古い時計が動かなくなった場合を考えてみよう。(1)事実は、時計の停止である。あなたは、(2)—1　もしやおじいさんの身に何かあったのではないか、と思う。その理由(3)—1は、その時計はおじいさん自身を象徴するかのように、時を刻み続けてきた。だから、時計が止まるときは、おじいさんの命にも何かあった可能性があるからだ。あるいは、(2)—2　ああ、ついにこの時計は壊れたかな、と思う。その理由(3)—2　前にも調子が悪くて、修理屋に持って行ったのだが、今度止まったらもう直せないですよ、と言われていたからだ。この場合、二つの理由のうち、どちらの方が〝確からしさ（蓋然性）〟が高いだろうか。一つ目の理由は迷信で、二つ目が本当の理由だ、と言えばそうかもしれない。しかし、「ある物が何かを象徴している」とか、「木にも川にも神様がいる」などと思うことは、世界中の多くの社会で、伝統的に〝真実〟として受け入れられてきたことである。科学的、合理的であることが、全ての認識の根拠である、と言い切ることができるのだろうか。

「人はどうやって物事を正しく知り、また正しいかどうかをどうやって確かめるのか？」これが、古代ギリシャから現代まで続いてきた認識論の本源的疑問である。この考え方の根底には主観と客観、認識と存在を区別し、認識と存在が接合するところに真理がある、という発想がある。つまり、⑴と⑵は⑶によってつながれて初めて真理だと言える、ということである。ちなみに、認識論と対になる哲学分野としては、存在論（Ontology）があるが、存在論では、自分が見ていると思っているもの⑴が存在するのかしないのか、存在していると言えるのはなぜかを論証しようとしている。

ヨーロッパの認識論の歴史のかなりの部分は、あらゆる真理の根源となる絶対的な原理や規範があるはずだという想定に基づいて、その絶対的なものを見つけることに精力が注がれた。まず、古代ギリシャのプラトンは、人間の心の目（イデア）によって、肉眼で見るものの本質を見極めることで、真理に到達することができると考え、中世ヨーロッパの人々は、神が万物の根源であり、真理の源であると考えていた（**古典的認識論**）。

それに対し、近世になってくると、地球が宇宙の中心であるという天動説がコペルニクスの地動説によって否定されたり、ニュートン力学の法則が発見されたりと、自然科学上の大きな発展がみられた。それに伴い、信じている、というだけでは絶対的価値であるという証明にはならず、物事は合理的、科学的な法則によって全て説明できるといった考え方が生まれてくる。明確かつ実証可能な証拠を積み上げることを根拠として正しいと認識できるものが真理であるという考え方である（**合理主義**）。

このような自然科学的な方法で真理の正当付けをしようとする立場と並行して、人は結局、何かを経験することによって感覚を得たり、反省したりする中から知識を形成するのであって、経験から切り離された合理的な真理などない、という**経験主義**からの批判もあった。

これまで挙げた例に基づいて整理してみると、ピンポン玉が転がる理由について、我々は物理の法則に基づい

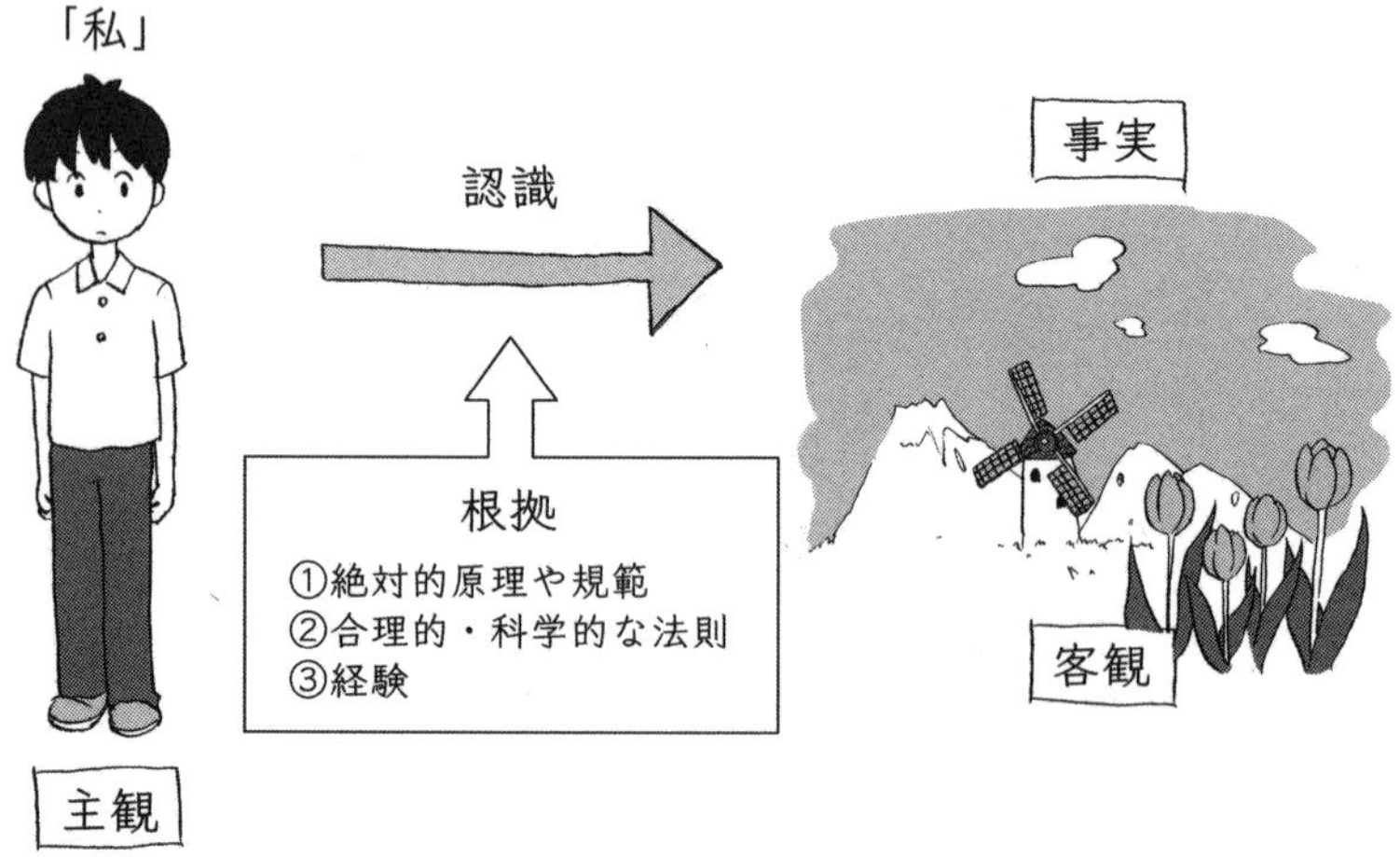

図4　西欧認識論における（1）事実、（2）認識、（3）根拠の関係

て合理的に認識できるから、合理主義の認識論で説明がつく。一方、虫歯とはどのようなものかを知って、友人に「歯医者に行くべきだ」と言うのは、経験主義的な認識に基づいている。おじいさんの時計が止まってしまったことに関して「壊れたのだろう」と思うのは、時計が止まるのは、時計の構造から考えて、中の機械が壊れるか、電池が切れるかだ、という合理主義と、経験上、その可能性が高いという経験主義が混在している。一方、おじいさんの魂があの世に召されたのかもしれない、という認識は、目に見えない価値を信じるところから生まれている。

これらの考え方のうち、どれか一つが最も真理に近い認識だといったことはない。実際、おじいさんの時計の例のように、異なった認識の仕方がありえ、かつ、認識の根拠が絶対的ではない知識の方が、実生活の中では多い。新聞を読んでいれば、毎日、異なる信条に基づいて対立し、しまいには内戦やテロリズムに発展している事象が世界には沢山あることが分かる。同じ歴史上の出来事であっても、日本と近隣の国々では、全然違う解釈が教科書に書いてあるかもしれない。事実(1)は変わらなくても、(3)の拠って立つ根拠が違えば(2)の認識も変わってくる。認識の基礎となる絶対的な真理や規範があるはずだという確信のもとに、「認識」と「存在」の関係性を解きほぐそうとしてきたのが近代西欧における認識論の系譜であるが、合理的・科学的に答えが一つしかない(他の定理が発見されない限り)という場合を除き、事実─根拠─認識の間に唯一無二の関係があることは決して多くない。また、この本の前段でも述べてきたように、インターネット空間で、いつのまにか共有の知識が作られたり、何かの問題意識や関心を共有する人々の間で言説が生まれたりすることは、現代社会においては知識生成のうえで無視できない現象である。しかし、個人の認識と存在の関係の中にのみ、認識(知識)の形成の可能性を見出している西欧的な認識論では、こうした現象を十分に説明することはできない。

そこで、下記に、西欧認識論とは全く異なる発想で形成されている認識論を紹介したいと思う。私が研究でしばしば訪れるアフリカの伝統社会の知識に関する考え方である。主観と客観の関係、個人と集団の関係について、西欧認識論と対比しながら読んでいただければと思う。

ウブントゥ(Ubuntu)：アフリカ伝統社会の認識論[2]

アフリカ大陸の三分の一に及ぶ地域に分布しているバントゥ系の民族の間に通底する、現代まで受け継がれている伝統的な思想としてウブントゥがある。ウブントゥ思想では、「人は、他人を通じて一人の人たり得る」という表現をよく使う。エズェという学者は「この思想は、人間性が、一個の人の中に「個人」として帰属しているのではなく、他者と自己が一緒に主体的に関わるなかで授けられるということを示唆している。人間性は、相互

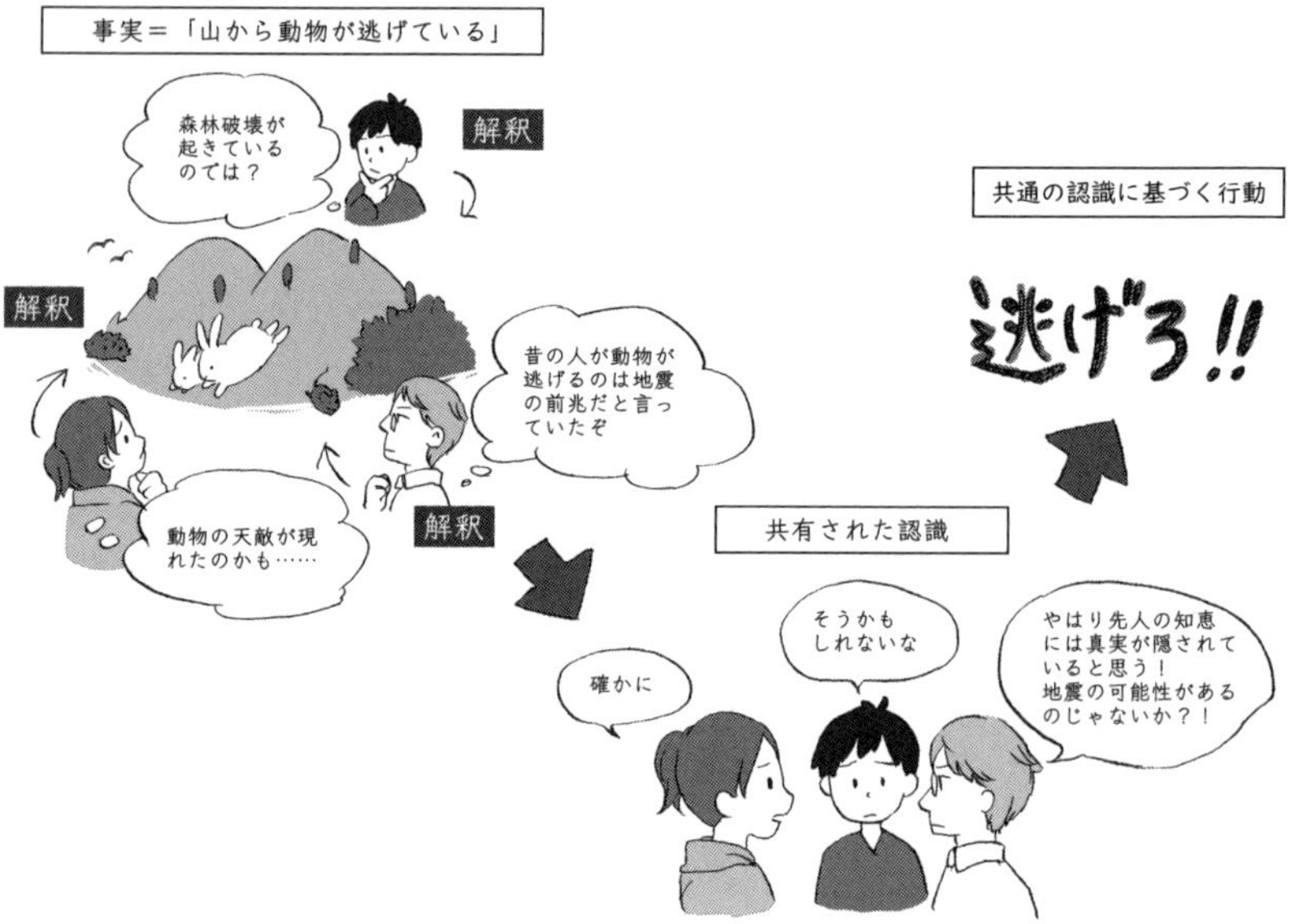

図5　ウブントゥの認識論における事実、認識、解釈の関係

に所有しあい、創造しあい、維持しあう資質である。……「私」は厳格な主体ではなく、他人との関係と距離に依存し、常に変化する」と説明している（Eze 2010, pp. 190-191）。

ウブントゥは、このように人と人の相互依存と共生を中心とする思想であるが、同時に、環境や自然に宿る神、先祖などとの繋がりを重視する考え方が根底にある。自然の中で生きる彼らは、個々の人間の能力の限界を認識しており、それゆえに他者とつながることの重要性を意識してきた。同時に、人間と人間、あるいは人間と環境との関係は、常に変動しており、そこでの生きる知恵は、状況によって柔軟に変化し、環境に順応する能力とも密接に関連していた。アフリカの伝統社会において、共同体とは、単に人の社会だけを指しているのではなく、先祖や創造主、自然の中に宿る魂などとの霊的世界と物的世界が切れ目なくつながったものだった。ウブントゥは、寛大さ、謙虚さ、勇敢さといった、人間関係にまつわる道徳性を説く思想として広く認識されているが、その背後にあるコスモロジーを理解しないと、単純に、個人主義に対する共同体主義と捉えかねない。

ウブントゥのコスモロジーを基礎とすると、アフリカの伝統社会で、「教養ある人（educated person）」とは、どのような人を指すだろうか。アブディは、アフリカの伝統社会での「聡明な人」とは、多くの場合、学校には行っていなくても、そのコミュニティが置かれた状況に基づいて、教訓的知恵、解釈的知恵、合理的発想をうまく組み合わせて考えたり説明することができる人だ、と述べている（Abdi 2008, p. 319）。つまり重要なのは、個人に属する知識の量や幅広さではなく、それを人にどのように示すかというアウトプットの方なのである。人に示して、その相手が納得して初めて、教養が意味を成すという考え方は、ウブントゥの共同体主義を反映している。また、こうした教養ある人が語る内容は、教訓的含意を持つため、語り手が尊敬に値する人格であることも重要である。教養はあるが嫌われ者、といったことは、アフリカの伝統社会では起こりにくい。

さて、アブディは、教養は、教訓的知恵、解釈的知恵、解釈を導き出すための判断の組み合わせに基づくと述べている。つまり、目の前で起きている事象が**なぜ起きているか**を、妥当と皆に納得されるような判断に基づいて「**解釈**」する知恵、及びその解釈した内容から教訓を**提示する**知恵が合わさって、初めて教養となる、という意味だが、事象を解釈するとはどういうことだろうか。我々が慣れ親しんだ西欧の認識論に基づけば、見たものが真実だと言えるか、という存在論的な問いはあるものの、今、目の前にあるものは何かを表象しているので、それが象徴的に示している本質を説明しなければならない、という発想はない。しかし、ウブントゥのコスモロジーに基づけば、目の前の事象は、先祖や創造主も含めた世界の中で、何らかの意味があって生じさせられているのであって、そこには必ず理由があり、その理由は、解釈され、そこから教訓的メッセージが抽出されなければならないのだ。

知識が個人の主観や認識だけでは完結せず、共有されて初めて意味を持つ、という伝統的な認識論を持つ社会で、学校で教えられる知識は教養と言えるのだろうか。文字での情報伝達が一般化し、学校教育が普及した今となっては、伝統的な知識形成や伝達の方法を掘り起こすことは容易ではない。また、私も、伝統社会の方が素敵だったというような、ナイーブなことを言うつもりは全くないのだが、個人の理性に基づいて、事実をそのまま叙述することを知識とみなす西欧の認識論よりも、解釈し、人に伝え、共有して初めて知識が意味を持つというウブントゥの考え方の方が、現代の状況には合っている部分もあるように思う。また、ウブントゥでは、答えの普遍性よりも、特定の状況、特定の人々の集まりの中で物事を解釈し、共有知を形成することを教養と見なしている点で、昨今の問題解決型の能力に近い発想でもあるかもしれない。

しかし、いずれの認識論においても、事実や情報は、それが存在するだけでは意味を持たず、何かの根拠によって説明づけることによって、知識となるという点は共通していると言える。この根拠に基づく説明につながるのが、本書で繰り返し指摘している「なぜ」という問いであろう。この問いを発するのは、知ろうとする人間自身である。そこで、次節では、人が知ろうとする営み――学び――について考察してみることとする。

「何」を「どうやって」学ぶか 3

認識論の対象は知識そのものであるが、その知識を得るという過程や状態に着目する学習論では、研究の対象は〝人〟である。心理学、教育学、認識論、それに人類学や情報学など、多様な分野が混ざりあった領域と言える。つまり、どういう知識を得ることをもって学習ととらえるか、という意味では、認識論に根差しているが、人の心理や動機にどういう変化や刺激があれば学習している過程と見なすことができるか、という意味では、心理学の領域である。さらに、どうやって学習過程を促すのがいいか、と考えるのは教育学である。そして、人がどのように学んでいるのかをじっくり観察して、その背景にある文化や構造を知ろうとするのが人類学で、情報が個人の頭の中や環境・他者との関わりの中で、どのように処理されたり意味を持ったりするのかを研究するのが情報学である。

学習を、本人の志向とか動機に関係ない反射的なものとして扱う立場には、心理学の**条件付けの理論**というのがある。学習とは、刺激に対する動物の反応を利用して、ある刺激の後にはいつも同じことが起きる、という経験を反復的に持たせることで、条件付けすることができる、というものだ。有名な「パブロフの犬」の実験がこれに当たる。メトロノームの音をさせた後、必ず餌をやるということを繰り返すと、音が鳴っただけで犬が涎を垂らすようになる、というものだ。なぜ学ぶか、といった理由はともかく、反復していると、身体が反応するようになるというもので、人間でいうと、梅干しのにおいをかぐと唾液が出る、といったことだ。また、四則演算をとにかく毎日繰り返していると、あまり深く考えてはいなくても、機械的に少しずつ難しい計算が出来るようになっていく、といったことも、条件付けの延長上の学習である。

しかし、人間の場合、全く因果関係や物事の構造を考えずにただ道具のように反射だけで何かを身に付けるということはめったにあるまい。何らかの形で、過去の経験則から類推したり、手段と目的の関係を認知したりして、今までと全く同じ状況でなくても、対応できる方法を学習している。そういうのを**認知的学習**といって、研究者の中には、チンパンジーやゴリラなどの類人猿や、子どもの発達過程を観察するだけでなく、文化の違いによって認知過程にどのような特徴があるかを検討するなど、認知科学といわれる研究領域は、多様な学問分野において、非常に幅広い対象を扱っている。

さて、そのように、推論したり、観察したり、情報を積み上げたりして、人は学習するのであるが、学習する内容、つまり〝知識〟とはどのようなものか、という認識論の立場の違いによって、学習の捉え方に違いがあるだろうか。もし、正しい知識というのは、権威ある有識者や神といった外在的なものによって正当づけられる、と考える古典的認識論の立場に基づけば、学習が適切であるかどうかを評価するのは学習者自身でも周囲の人たちでもない。「そういうことに決まっている」真理を、間違いなく身に付けることこそが学習である。また、何が真理で、何が正しいことかが外在的に決まっている場合、学習の内容や目的自体は疑問を呈すべきものではなく、いかに効果的・効率的に学ぶか、ということが課題となり、学習は手順として取り扱われるようになる（**方法的（工学的）学習観**—佐伯 一九七五、二四頁）。また、学習者は、決められた内容を作業として〝こなす〟ことにもなりがちである。つまり、本の中にある情報を頭にせっせと覚え込むことが学習だと思って、その作業を苦にして勉強が嫌いになっている人がいるとしたら、それは、学習を与えられた作業だと思っているからだと言える（**作業的学習観**—佐伯 同上）。

それに対し、二〇世紀の最も有名な教育学者の一人であるジョン・デューイは、真理は、外在的に正当づけられるのではなく、学習者が経験を通じて主体的に形成していくものであると考えた。デューイの考え方は経験主義的な認識論に基づく。同時に、真理がなぜ真理と言えるか、といった知識の定義よりも、なぜ○○という事実は××という理由で説明されるのだろう、とか、こう考えてみたらどうだろう、といった探求に役立つ知識かどうかの方が重要だと考えたのだ。「学習は、それ自体が目的であり、かつ手段である(Dewey 1929, p. 293)」というのは、デューイの考え方を端的に示す言葉である。つまり、デューイにとって、既に完成された知識のパッケージを身に付けるための途中の段階として、学習の積み重ねがあるわけではない。知識とは、学習者が自らの好奇心によって、周りの物や人との関わりの中で探求する活動(経験)を通して、意味を持ち、そのような過程を繰り返すことで、既に持っている知識と新しく経験を経て身に付けた知識が接合し、新たに意味づけされ、認識枠組みを拡大したり修正したりしながら定着していくものだという考えである。もちろん、デューイも、知識は、将来、社会で生きていくために必要なものであり、その意味で、将来への準備という側面も持っていることを述べている。だからこそ、学習は、それ自体が目的でありつつ、将来に生かされるための手段でもあるのだ。

デューイと並んで教育学に大きな影響を残した二〇世紀の学者にジャン・ピアジェがいる。ピアジェは教育学者というより心理学者であるが、その理論を教育の場に援用する試みが数多く行われた。ピアジェは、知識を教える教師や、外在的権威者ではなく、学習者自身が知識を体得していく過程に注目したデューイや他の同時代の学者とともに、**構成主義**と言われる。構成主義にもいろいろなバリエーションはあるが、知識は学習者自身が経験を通じて構成するものだ、というのがこれらの学者が共通して述べていることである(佐藤 一九九六)。

ピアジェは、まず、知識を身に付ける心のメカニズムというのは、科学的に解明できるものであって、哲学によって措定されるものではないと考えた。この点で、ピアジェの拠って立つ認識論は、経験主義であるとともに合理主義である。また、学習者は環境との関わりの中で学ぶと考えたのはデューイと同様であるが、デューイは主に社会的な関係性を指していたのに対し、ピアジェは、それを人間に遺伝的に備わった適応力の問題と捉えた。子どもの認知的発達を効果的に促すためには、その子の生物学的発達段階に合った刺激を与える必要がある。彼は、認知的発達を〇～二歳の「感覚運動段階」、二～七歳の「前操作段階」、七～一二歳の「具体的操作段階」、一二歳以降の形式的操作段階に分け、その年齢に応じた知的刺激を与えることで、既にある知識に新しい刺激からの知覚が当てはめられ、咀嚼されてより高度な認知的な能力を形成すると考えた（Piaget 1956）。ピアジェのように、ヒトの年齢に伴う認知的発達を科学的に解明しようとする心理学の分野を**発達心理学**という。発達心理学の直接的な影響がどの程度あったかは分からないが、二〇世紀初頭に始まったシュタイナーやモンテッソーリの教育思想に基づく学校では、子どもの発達段階に応じて、幼少期には感覚を育てる造形や舞踊などを行い、次第に抽象的な知識を学ぶようにするといった教授法が取られている。

さて、ここまで、学習というものを、個人の頭の中に知識を蓄えるプロセスとみなす立場を紹介してきた。この場合、環境との関わりは、好奇心を刺激し、既に持っている認知枠組みを修正、拡大していくために重要であるものの、ひとたび獲得してしまえば、その知識は特定の環境にしばられるわけではない。これに対して、ある種の知識は特定の社会集団の中でこそ意味を持ち、学ぶということは、学習者がその社会に適応していくこと（**社会化**）を意味するのだ、という考え方がある。レイヴとウェンガーという学者は、学習とは、何かを実践するグループ（実践共同体）に参加し、そこでの知識や考え方を自分自身のものとして取り込み（内部化し）、その過程で、自分もそのグループの一員なのだというアイデンティティを形成する中でおきる社会化だとしている（Lave and Wenger 1991)。

例えば、あなたが地域のボーイスカウトに入隊したとしよう。メンバーは、皆、他の学校の子たちで、知っている子は誰もいない。また、ボーイスカウトは、独特の用語や掛け声のかけ方があるし、やったこともない活動ばかりで、最初のうち、あなたはどうしていいか分からず、いつものように元気に楽しむことができない。しかし、しばらく通っていると、あなたは、ボーイスカウト特有の振る舞いにも慣れてきて、そこでうまくやる方法を段々身に付けてくる。そして、最初のうちは、端っこに大人しくしている見習いみたいだったのに、段々、〝スカウト〟としての自意識も生まれてきて、皆をリードする場面さえ見られるようになる。この例では、ボーイスカウトが実践共同体で、ボーイスカウトでうまくやるためには、そこに特有の知識や態度を学ばなければならない。それらを身に付ける(内部化する)ことは、あなたがスカウトとしてのアイデンティティを形成することと表裏一体だ。あなたが段々スカウトらしくなってきたら、あなたはそこでの知識を大分身につけ、社会化したと言えるだろう。あなたは、そこでの学習に〝熟達〟し、〝適応〟したのである。

レイヴとウェンガーは、学習というのは、〝状況に埋め込まれた〟ものであって、知識は特定の状況に根付いていて、その実践共同体に備わっているものだと述べている。この考え方に基づくと、知識を文脈から切り離して普遍的に、どこにでも持っていけると考えるのは限界があることになる。これは、一見、教室という隔離された場所で、科目ごと、単元ごとに分割された知識を教える学校教育への批判のようにも見える。しかし、実践共同体は、特殊な状況でなくても、人が集まって集団を形成するところには必ず発生し、それは教室内でも同じである。実際、教育学者の中には、レイヴとウェンガーの考え方を、授業改善のために活用しようとしている人たちもいる。

仕事の場や社会活動、あるいは伝統的な慣習が強く残っている社会などでの知識伝達を研究する人たちは、学習を〝社会化〟のプロセスと捉える傾向が強い。また、そこでの学習は、本に書いてある内容を学ぶというより、親方や年長者が行うことを見様見真似で体得するという場合が多いため、知識は〝体の中にめり込んだ〟(身体化した)ものだと考える(大田 一九九五、四二頁)。高橋は、高度成長以前の日本やフランスの農村を例に挙げつつ、こうした学習の有り様を〝ミメーシス・パラダイム〟と呼び、工業型社会や消費型社会での学習と対比させている(高橋 二〇〇二)。このほか、社会化をとらえた人類学的研究も多く行われている(例えば川床 二〇〇七、ロゴフ 二〇〇六)。

このように学習を社会化のプロセスと捉える研究者は学問分野を超えて多く存在するが、この場合、学習は、ある実践共同体の価値枠組みへの適応と熟達を意味するため、学習者自身の主体的な関心や動機にあまり重点が置かれない傾向にある。学習は、学習者が置かれた環境や人間関係に大きく依存する、という考え方において、構成主義も状況に埋め込まれた社会化を唱える立場も共通している。しかし、学習者の性向や発想を重視する構成主義に対し、社会化の理論では、知識枠組み自体は先に存在していて、そこに学習者が適応するのであるから、枠組み自体を変えるような学習は想定されにくくなる。つまり、ある社会で常識だと思われてきたことを変革するような人が現れる場合、その人は、いつ、どのような過程を経てそのような知識や発想を身に付けたか、ということは、社会化の考え方では説明がつきにくいのだ。同様に、古典的認識論のように、外在的権威者が決めた基準(国の法体系、文化的規範、学校の授業科目ごとの達成目標など)が、知識が正しいかどうかを判断する基礎となる、と考えると、その外在的認識枠組みを維持するだけならいいが、その認識枠組みが時代錯誤だったり、社会関係の変化によって以前は想定されていなかった問題が起きたりしたときに、それを正すことができない。では、構成主義ならいいのかといえば、構成主義で重視する学習者の動機と経験だけでは、現代のように知識が複雑化し、体験できることが限られているのに知るべき情報が多い状況を完全には説明できない。その場合、やはりある程度、知識を体系立てて、抽象化した認識の仕方も必要であり、その場合、体系立てるのは、学習者自身ではなく、外在的権威者ということになる。

要するに、現実は、理論で説明しているより複雑なのだ(理論の方が難しく見えるが)。しかし、何も地図を持たずに現実という大草原を歩こうとしても迷ってしまうので、「理論」という道具を持つことによって、「なるほど、この学習は、○○論と××論の合わさったようなケースだな。それであれば、自分はどうやってこの状況を打開する可能性があるかな。」といった考察が出来るようになる。それが出来るようになれば、あなたは既に主体的に知識を構成しているのだ。次に自分が何を学びたいのかも分かってくる。つまり、学ぶということは、自立した人格になることともつながっている。ある時は、権威ある先生が書いた分かりやすい教科書を、ある時は新聞を、ある時は友達との対話を通して、人は自分の中にある価値判断の基準で知識を構成できる。こうして学習は、他の誰でもない、自分自身を作り上げる、自分自身のプロセスとなる。このプロセスにおいて、知識を○○学、××学の体系や教科書の記載順に従って形成する必要はなく、ネット検索で得られるような、分野横断的なネットワーク型の知識形成の方がむしろ、既存の価値枠組みから自由に、新しい知識を構成できる場合もあるかもしれない。

「教育する」ことと「学習する」ことの接点

ここまで見てきたように、学びとは、一人一人の置かれた環境や興味によって異なる、本来非常に個性的なものである。しかし、学校は、科目や学年ごとに教えられる内容が細かく整備されていて、どんな生徒も、多少の濃淡の差はあれ、最低限、期待される学習内容は一定である。ここに、認識論や学習論と学校という制度の間のズレが生じる可能性があることは、前章で述べた通りである。もし、学習者の主体的関心と権威者が選んで提供してくれる内容がちょうど合っていれば問題はない。しかし、本人の知的関心が、与えられる刺激や、その結果得られる能力に対する評価と整合しない場合もあり、そこに、前章で述べたような〝はみ出し者〟が作り出される可能性があるのである。

有名な『窓際のトットちゃん』という本で、のちに女優・テレビタレントとなる黒柳徹子氏は、小学校の先生に、「他の子に悪い影響が及ぶので、頼むから他の学校に行ってください」と転校を勧告されてしまう。トットちゃんは、蝶番のついた机が面白くて、授業中に絶え間なく机を開け閉めしたり、外を通ったチンドン屋を学校に呼び込んだりしてしまったのだ。トットちゃんは、悪いことをしたとは全く思っていない。しかし、戦時中の公立小学校では、先生の権威に従わない子ども、規律を乱す子どもは大変な問題児とみなされたのだ。また、彼女の多動性や衝動性は、現代であれば、「発達障害」と診断されたかもしれない。

そんなに机の蝶番に興味があるのであれば、蝶番の仕組みをじっくり調べるとか、チンドン屋の音楽から譜面を起こしてみるとか、環境からの刺激と好奇心の接合するところで、知識を積み上げる方法はいろいろあるだろう。そういう考え方をするのが、経験主義・構成主義の教育学の考え方だ。トットちゃんが転校したトモエ学園というのは、実は、そういう考え方に基づいた学校だったのだ。一九世紀の末から二〇世紀初頭に欧米で広まった構成主義の影響を受けて、日本でも大正自由教育運動が生まれ、成城小学校、玉川学園、成蹊小学校、明星学園、自由学園など、様々な学校が作られた。トットちゃんの通ったトモエ学園は、自由学園の系譜に連なっていた。小学校で劣等生のレッテルを貼られかけたトットちゃんに「君はほんとうはとてもいい子なんだよ」と言い続けた小林宗作校長は、子どもたちが好奇心のままに知識を求めることを後押ししたのだろう。

トットちゃんの通ったトモエ学園のような大正自由教育運動が流行っていたころ、農村漁村の公立学校で、生活綴り方運動が広まった。国家権力を背景に、国定の知識を教える学校の教育が生徒の実生活から乖離していることから、現場の教師が、生徒に自分の生活に基づく内容を、自分の言葉でありのままに書かせるようになったことから始まったものである。このように、大正から昭和の初期にかけては、都市でも農村でも、権威主義的な教育に対するアンチテーゼとして、経験主義・構成主義的な教育モデルが起こっていた（中野、五七―六五頁）。

「教育」とは、学習者の学びを助けるために介入する営みを指す。学ぶのはあくまで学習者自身なのだが、それを教え、導くのが教師である。人は放っておいても勝手に学ぶよ、と言ったら、教育学は成り立たない。子どもは生まれながらに自分から学ぶよい性質を持っているから、放っておくのが一番いい、という存在主義であっても、〝よい性質〟が活かされるうまい放っておきかたについては、いろいろ意見がある（ケイ 一九三八）。

では、学習者に何を身に付けてもらうのが教育の目的で、そのための教師の役割は何なのか。オルソンとブルーナは、教育の目的と、それに基づく教師及び学習者の役割に関して、四つの考え方があるとしている(Olson and Bruner 1996)(**表1**)。まず、学習者が何かの作業を出来るようになること(Do)が教育の目的だと考える場合、教師の役割は〝やってみせること(デモンストレーション)〟であり、学習することは教師を真似て同じことが出来るようになることだ。つまり、教師は職人の親方、学習者は徒弟のような関係である。これは、前節で紹介した学習の理論の中では、〝社会化〟とか〝埋め込まれた学習〟の考え方が近いかもしれない。Do を目的とした教育は、技能を体得することを目指すため、作業を実践し、体験するという教師―学習者による実践共同体が想定されており、また、技能(知識)は、身体化される。

それに対して、情報を知ること(Know)が教育の目的であれば、教師の役割は解説者のそれである。これはこういう意味です、と教師が説明したら、学習者は〝理解する〟という、権威者とそれに従属する者の関係性である。これは、古典的認識論で、外在的権威者が、真理とは何かを知っている、という前提に立っていることとつながる。教師と学習者は縦の関係にあり、場合によっては権威主義的になる可能性を秘めている。

三つ目は、学習者が自分で考えられるようになること(Think)を教育の目的とする場合である。このケースでは、教師と学習者の関係は対等になる。教師は、何が学ぶべき真理かを学習者に教えることはできない。それは、学習者自身が考えることだからだ。しかし、教師は、世の中に起きている事象はこういう意味があるのではないか、背景にはこういう要因が関係しているに違いない、といったことを、解きほぐす(解釈する)手助けをする協力者のような役割になる。ブラジルのフレイレという教育学者は、貧しい農民に対する識字教育を通して、彼ら

表1　異なる教育観における教師と学習者の役割

学習に必要な能力	教師の役割	学習者の役割	教師の特徴
行う能力(Do)	デモンストレーション	模倣	職人
情報を吸収する能力(Know)	説明	理解	権威者
考える能力(Think)	協力	解釈	同僚
新しい知識を生み出す能力(Create)	情報提供	構成	コンサルタント

※ Olson and Bruner 1996, p. 24を元に筆者が再構成した。

が文字を読むという技能を獲得するだけでなく、その学習の一環として、自分たちが置かれた状況を認識し、社会的・政治的矛盾を意識化することを目指した(一九七九)。彼は、既存の学校の教師は、生徒の頭の中に、彼らの生活とは関係のない知識を、銀行にお金を預けるようにどんどん詰め込んでいる(銀行型教育)と批判し、真の教育は、〝対話〟によって自ら批判的に考える力を身に付けさせることだと述べた。フレイレは、この〝考える力〟を育てる教育学を提唱していた典型的な例だと言える。

四つ目に、教育の目的は、学習者自身が知識を構成する力を身に付けることだという立場がある。この根底にある考えの一つは、構成主義の、知識は学習者の好奇心と環境の関わり合いの中で形成される、というものである。同時に、この考え方を敷衍して、学問や技術の新しい知見を生み出す専門家を養成する、といった場合もここには含まれる。ここでは、教師は必要に応じて情報を提供し、どのように知識を構築すべきかの相談に乗る立場であるが、最終的に知識を生み出すのは学習者自身ということになる。

たとえ構成主義の教育学者であっても、学校がただ子どもにとって面白おかしければいいと言っているわけではない。何かを学び、身に付けるということが、いつも簡単なわけはない。ただ、多少の困難があっても、主体的な動機があれば、乗り越えてもっと知りたいと思うようになり、学習やそれを行う場である学校ももっと魅力的になるのではないか、という意見である(大田 一九九五、九頁)。トットちゃんにとっても、体系化された知識は必要だし、系統的に学ぶからこそ、頭の中に、知識のカテゴリー分けができ、新しい、より抽象的で概念的な知識が積み上げられるのである。しかし、権威者による教育は、行き過ぎると啓蒙主義に陥り、学習者を詰め込みの対象にすぎなくしてしまう(銀行型教育)(中内 一九九八、二一―二四頁)。また、学校制度は、権威主義的になればなるほど、教師は単なる情報の媒介者に過ぎなくなり、自らも「ちゃんと教えるという仕事を果たしているか」を評価される対象になる。子どもだけでなく教師も権威者から評価されるとなると、とにかく学習指導要領に従って、逸脱しない教育をし、逸脱しない子どもを褒めることになってしまう。このことはまた、学校を、社会で要請される通りの人材を輩出する歯車とすることによって、社会を学校化することに拍車をかけることにもつながる。

知識を形成するためには、目の前にある事実を、それが真実である、または重要であると認識するための判断・根拠が必要である。その根拠を自らの経験の中に求めるか、自分ではなく、外在的な権威者のお墨付きを得るか、実証的根拠を積み上げて合理的に判断するか、あるいはまた、関係する集団のメンバーが、おおむね納得する説明を導き出すか、方法は様々考えうるが、いずれにしろ、情報は、判断というフィルターを通して知識となる。

こうした知識をどうやって、何のために学ぶのか、というのが学習に関する諸学説が追求してきたことである。我々は、何かの作業に熟達するために知識を得ることも、ある集団のメンバーとして適応するために、その集団に固有の考え方や態度を学ぶことも、あるいは逆に、既存の社会の価値観とは違う考え方を提示したり、新しいものを創造したりするために知識を構築することもできる。

そして、こうした異なる目的、異なる方法で学習が可能だということは、学習を助けるための介入である「教育」の役割についても様々な考え方があることを示している。教師は、学校の中だけにいるのではなく、作業場の親方だったり、議論のファシリテーターだったり、部活の先輩だったりすることもある。教育学は、人が誰からどのように学ぶ可能性についても否定していない。ただ、〝教育〟という介入が、画一化や教化、支配につながりやすいという指摘も常に存在する。こうした教育による画一化や支配は、学習や教育そのものに内在するというよりは、教育を構造化している「学校」という仕組みや、そこで教育を実践する役割を割り当てられている教師の置かれた状況と、彼らが本来果たすべき役割の間に存在するギャップによるものであろう。

テストは何を測っているのか

このように、教育や学習に関して、様々な考え方がある一方、学習成果を測るために行われるテストとは、実際にはどんな能力をどんな方法で測っているのだろうか。2章で、国際テストの結果が、学校教育に関する国内の批判、ひいては学習指導要領の改訂にまで至る強い影響力を持つことを述べた。しかし、人は往々にして、テストの得点ほどには、そのテストがどういう能力を測っているのかには興味を持たない。子どもが学校のテストで低い得点を取ったり、受験のための予備校の模試で、志望校への合格確率が低いと判定されたりしたら、「もっと勉強しなさい」と言う親は多いだろうが、「どこで間違えたのか、どういう力を身に付ければ、この失敗を克服できるか」と考えることは稀である。実際、そこまで親や生徒本人が改善点を考えることができないから、教師という専門職があり、塾や予備校のサービスに対する需要が高いのである。

ところで、偏差値や合格確率といった数値は、どのようなものかご存知だろうか。これは、同じテストを受けた人々の得点を同じ基準で並べて、平均点や得点の分散から、ある受験者が相対的にどのくらいの位置にいるかを示すものである。テストは標準化されており、「正しい答え」が存在する。人によっては違った考え方をするかもしれない、という想定はこういった標準化されたテストでは用いられない。むしろ、複数の正解があるような問題は、テストのデザイン上、あまりいい問題とは言えない。また、この種のテストは、他人との相対的な位置づけにおいて評価するので、個人の中で前と比べて何か進歩があったか、という個人内評価を直接の目的とはしていない。

しかし、他人と比較しなくても、個人の中で一定の成果があればいいという考え方もある(**絶対評価**)。前節で示した構成主義や経験主義の学習理論に基づけば、知識をどうやって学ぶかは、個人の内発的な好奇心や経験に応じて決まるし、状況によって変化する。従って、どこかに外在的な学習達成の評価基準があるという発想自体が「反教育的」とも考えられる。実際、**相対評価**では、必ず平均より高い者と低い者が現れるので、本人は高い好奇心を持って意欲的に学んでいたとしても、成績には反映されない可能性がある。トットちゃんやアインシュタインがテストで悪い点を取るようなことである。

この「相対評価で序列をつける」ことに対してはいくつかの視点からの批判がある。一つは、こうしたテストは、知識は中立的で普遍的なものであるから、その習得度は客観的かつ公平に測ることができるという想定に立っているが、実際は、〝正統な〟知識を選んだ権威者の価値判断が入っており、中立ではないというもの。第二は、知識を機能的に切り取って比較可能なものに矮小化し、思考的、創造的な能力を軽視しているというもの。第三は、相対評価は競争原理に基づいており、知識の獲得を勝ち負けの問題にすり替えてしまうというものである（中内 一九九八；大田 一九九五；須藤 一九九六）。実際、大学や高校の入試など、それが学習到達度を測るだけでなく、受験者の選別のために用いられる場合には、この相対評価は、競争の道具としてかなり深刻な意味を持つ。こうした学習者の将来得る社会的・経済的な財にまで影響する可能性を持つテストのことを**ハイステイク・テスト**（high-stake test）といい、教室内で教師が独自に行うテストなどとは異なり、テストの作成・実施者は何度も試行して、ミスがないように細心の注意を払わなければならない（野口・大隅 二〇一四）。

ハイステイク・テストが社会や個人にもたらす影響については、次節でも取り上げたいと思うが、上述の批判が、学習者の得た知識の量や内容をはかろうとするテストという存在そのものを否定しているわけではないことには注意が必要である。人は他人から促されなくても何かしら学んでいるものであるが、それに対して一定の目的を持って介入することが「教育」という営みであることは前節で述べた通りである。目的がある以上、その目的が達せられたのか、あるいは達成にどの程度近づいたのかは、何らかの形で知りたいというのが、「教育」に内在する欲求である。つまり、教育と評価は切っても切れない関係にある。同時に、知識とは、学習とは、教育とは何であるかについて多様な考え方があるのに対し、評価はどうしても客観的で比較可能であることが求められる傾向にある。教育という介入は、共通の教科書やカリキュラムに基づいて、大勢の生徒に対して行われることが多い。一対一の徒弟修業などでない限り、複数の学習者に対して同じ目的で教育を行っていれば、その教育成果がどの程度得られたか、成果が高い者と低い者の差は何から生まれるのかを知り、どのように教え方を改善すればより高い成果につながるのかを検討する材料とする必要が生じる。それをいかに科学的かつ客観的に、誤差の少ない方法で行うかというのは、それ自体、非常に高い専門性を求められる技術である。

このように、評価はしたいが、個人の主体的な知識獲得を促すような教育が行われるべきだというアンビバレンスは、知識が、一方では社会構造の中で人々を位置づけるための道具や消費財という機能を持ちつつ、他方では個人の成長や社会の変革への役割も期待されるということとも密接に関係し、普遍的な解決策は存在しない。

いずれにせよ、教育評価は、その教育の目的によって、何を評価すべきかが異なり、それに応じて、異なる尺度や評価手法が用いられるのである。従って、標準化されたテストだけが教育評価ではないし、標準化されたテストであっても、対象とする能力や目的によって全く性格の異なるテストとなりうる。例えば、2章で紹介したＰＩＳＡは実生活での問題解決能力を、ＴＩＭＳＳは学校で習う内容の習得度を測定している。つまり、前者は学校で習った内容に関係しつつもそれから独立した能力があるかどうかを診断する**パフォーマンス評価**であるのに対し、後者は学校教育のカリキュラムに基づく**達成度の評価**となっている。

また、相対評価で序列を付けずとも、一定の学習項目に到達できていればその教育課程は修了したとみなす、といった未到達だけを識別するタイプの評価、実際に教えている教師が納得のいくレベルに到達したと認定すればよいとみなす現場主義の評価、学習者自身が進歩したと自己評価し、客観的にもそのようにみなせる材料があればよいとする評価もある。近年のアクティブ・ラーニングの導入により、学習成果を標準化せず、教師や学習者による評価、更に、テストだけでなく、学習者が提出するレポートや授業の観察などから、学習のプロセスや、学習者の内的な変化をとらえた評価をする試みが活発に行われている（西岡・石井・田中 二〇一五）。

現在、日本では、高校から大学に進学する際の入試において、従来型の教科書的な知識の定着を測るテストから問題解決型の能力を測るテストに移行し、高校教育と大学教育の連続性を高めるための改革（高大接続改革）に向けた準備が進められている。新しい入試制度は二〇二一年度から導入され、従来のマークシート式に加え、記述回答問題が導入され、受験生の思考力、判断力、表現力の評価を重視したものになる見込みである。これは、2章で述べたような問題解決型の能力とその形成のためのアクティブ・ラーニングを重視する教育の世界文化を反映しており、ＰＩＳＡのような発想のテストに向かうものと想像される。

こうした改革の中では、ＰＩＳＡでの日本の順位が下がったように、従来のテストでは成績が良かった生徒が、必ずしも上位の成績を収めるとは限らず、ひいては「できる子」の定義が変わる可能性がある。いずれにしても、テストは、評価したいものが先にあって、それに沿ってデザインされるものであり、時代や社会の知識観に影響される。評価の対象がカリキュラムの習得度であれ、問題解決型の態度であれ、評価軸は学習者の外にある。その一方で、「正解」のあるテスト可能な世界にしか知識が存在しないわけではない。そもそも、なぜある答えは正解で、他は不正解なのかを疑うなかにも知識は存在する。むしろそうした批判的な考察の中にこそ、革新やパラダイム転換に向かう知識が生まれる可能性がある。しかし、どのような方法を用いるにしても、教育評価は、教育介入の目的と連動して成果をはかるものであることから、介入する側の意図、そして、その介入の枠組み内で〝正統〟とされる知識から完全に解き放たれることはないと言える。

学歴の意味を考える

2章で触れたように、レイヴとウェンガーは、学校が教育の〝使用価値〟と〝交換価値〟を分離させてしまうと言っている。学校教育の〝交換価値〟とは、本来の目的であったはずの知識の習得（〝使用価値〟）とは別に、学校に行った証明である学位や学歴が、商品のように労働市場や社会の中での人の価値づけに使われるようになり、独自の機能を持ってしまっていることを指している。

一九五〇年代から六〇年代にかけて理論化された**人的資本論**では、ヒトは、工場や道路、発電所などの経済インフラストラクチャーと同じように、経済発展のための資本だと考えた。つまり、ヒトの能力が高くなれば生産性が上がるので、ヒトへの〝投資〟は個人にとってだけでなく、社会にとって意味がある、というのである。そして、〝学ぶ〟ということが、個人の発達ではなく、労働者の生産能力の向上のためのプロセスとみなされ、その成果は、所得の上昇によって評価された。人的資本論における主な関心は、ある人が学校に通う年数（就学年数）と労働生産性、就業機会・職業上の地位、所得との関係にあった（Schultz 1961; Becker 1964）。つまり、人的資本論では、学歴や資格を知識や技能の習得、すなわち実力のバロメーターと考えている。従って、学歴の高い人材ほど、人的資本としての社会的価値が高く、収入も当然高いということになる。若者を雇用する企業の側でも、彼らの能力を正確に測ったり、知識の質を評価したりすることが難しいので、目に見える学歴を判断基準にしがちである。これを、経済学では、「学歴のシグナリング効果」という。

人的資本論は、その後多くの修正を加えられているものの、人的資本における教育の価値を学校教育のタイプや年数で測るという根本は変わっていない。計量経済学では、人間社会のいろいろな側面を数値化し、その中に法則性を見出そうとする。それによって、個々のケースだけ見ていては分からない共通のパターンも発見できるし、将来を予測することもできる。従って、経済学的に学校教育の価値を測る試みには、一定の意義があることは当然理解されなければならない。

同時に、こうした考え方は、「少しでも長く、偏差値の高い学校に行けば、いい仕事、いい将来につながる」という学歴神話にもつながりやすい。ドーアは、『学歴社会―新しい文明病』という本の中で、近代化のプロセスが始まるのが遅かった国ほどこの傾向が強いと指摘している。急速に近代化を遂げようとする国では特に、就学率が急速に拡大し、卒業証書が求職者の選別に用いられるために、学歴の価値が急激にインフレを起こし、学歴志向が高まるという(ドーア 一九七八)。しかし、実は、学校に長く通い続ければ高い収入やいい就職につながる、という神話が現実と乖離している国は、少なくない。なぜなら、収入や就職は、労働市場の需要によって決まるのであって、教育機関やそこに通う生徒や親の想定とは必ずしも整合しないからだ。実際、若年失業率の高い国において、失業している者の多くは大卒者など、比較的学歴の高い者である。開発途上国の場合、国内に雇用を創出するような大企業はほとんどなく、地場産業で需要されるのは、腕のいい職工や何でもこなす事務員である。文系の大学を出た営業や管理部門のエリート職員、理系のエンジニアの需要は限られている。また、そういう途上国に投資する外資系企業も、管理部門には外国人スタッフを派遣する場合が多い。従って、産業構造が変わらないまま、学校教育だけが肥大化しても、学歴神話に裏切られ、さりとて学歴が低い人と同じ仕事もしたくないという若者が、失業状態を続けてしまうわけである。こうした若者の不満がテロリズムや社会不安の原因になることも少なくない。日本では、若年失業率に関しては、途上国とは逆に高学歴者の方が低いのだが、学歴による失業率の差は、年齢が上がるとほとんどなくなる（総務省 二〇一七）。

このように、学歴神話は、一般心理としては根強いものの、収入や雇用といった明示的なデータだけで見ても、はっきりした裏付けのあるものではない。また、それ自体は、個人の知識の量や質を示しているとは言えない。例えば、大学受験の瞬間にはテストのための知識を頭に詰め込んでも、興味がなければすぐ忘れてしまい、大学を卒業する頃には、趣味でたくさん本を読んでいる人より知識量は少ないかもしれない。従って、学歴と、その学歴を有する個人の知識や〝学び〟の質は同一ではないのである。更に、新マルクス主義的経済学者からは、親の教育レベルや経済状況などによって、教育を受ける機会が平等でない社会において、学歴を人的資本の価値とみなす人的資本論は親の世代の不平等を子どもの世代に移転させるだけだという批判もなされている（Bowles & Gintis 1975 など）。

日本を含む東アジアの儒教文化圏の国々では、権力者のみならず、大衆レベルでも子どもの教育に対してお金や労力を割くことをいとわない伝統がある。儒学者の孟子の母親が、子どもの教育にいい環境を求めて三回も引っ越しをして、最後に学校のそばに住んだという「孟母三遷」の逸話もあり、家柄などよりも能力で評価されるという、いわゆるメリトクラシーが根付いているとされる。一方、このメリトクラシーは、中国では、七世紀頃から一三〇〇年も続いた官僚登用試験である科挙を通じた激しい試験による選抜、ひいては学歴主義として、現代にも綿々とつながっている。入試の日に遅刻しそうな受験生をパトカーで試験会場に送り届けるといった、東アジア各国で見られる入試狂騒曲を見るにつけ、知識の本質とはかけ離れたところで学校教育の交換価値が非常な高値でやり取りされている様子に圧倒されるのである。

注

1 この節の記述には、下記を参考にした。戸田山和久（二〇〇二）『知識の哲学』産業図書、ネル・ノディングス著、宮寺晃夫監訳（二〇〇六）『教育の哲学―ソクラテスから〈ケアリング〉まで』世界思想社、貫成人（二〇〇三）『図解雑学　哲学』ナツメ社、伊勢田哲治（二〇〇四）『認識論を社会化する』名古屋大学出版会

2 この節は、山田二〇一四を再構成したものである。

3 この節の記述には、下記を参考にした。その他、特定箇所を引用した文献は、文中に記載してある。ネル・ノディングス著、宮寺晃夫監訳（二〇〇六）『教育の哲学―ソクラテスから〈ケアリング〉まで』世界思想社、曽我雅比児・皿田琢司編著（二〇〇八）『教育と人間の探求―子どもがわかる・教育がわかる』大学教育出版、堀尾輝久・須藤敏昭編著（一九九六）『学校の学び・人間の学び（講座学校5）』柏書房

4 知識は誰のものか

1章では、知識がどのように形成されるかについて、ネットワーク型と積み上げ型の知識形成の違いを指摘しつつ、現代社会において、意識化されないまま形成される共有知（言説）が、社会を形作ってしまうことを述べた。そのように、意識しなくても知識が共有化され、いつのまにかそれが我々を統治する社会構造に反映されていくと、我々は自らが無自覚に形成した価値体系の中で、身動きできなくなる。

同時に、2章で述べたように、既存の社会の価値体系に基づいて形成された社会構造の中で、「学校」と、そこで教えられるためにパッケージ化された〝正統な〟知識が、社会全体を規定してしまう。こうして、社会全体が学校化されると、その中で成功する者と排除されるものが必ず生まれてしまう。では、こうして生まれる学校化社会の〝はみ出し者〟は、知識そのものから排除されてしまうのだろうか。

私は、3章で述べたように、社会構造が人をどのように分類したとしても、知るという営みはそれとは切り離して考えるべきだと思う。そのように知識生成の活動が社会構造から自由になることによってはじめて、知識は、実際の社会や人々の生活の変化に応じて、柔軟に生成され、縦割り行政や学問分野の壁を越えて、本当に現実を説明できる知識、社会を前に進める知識になっていくのだろう。

さて、最後にこの4章では、知識が誰に帰属するのか、そしてそれはどのように使われることによって社会に対してインパクトを持つのかを考えてみたい。

知的財産権と共有知

3章の最初にみた西欧近代の認識論に基づけば、知識は個人に属するものであり、個人の理性や合理的判断に基づいて、目の前にある事象や事実がどのようなものであるかを認識することによって形成される。他方、アフリカ伝統社会のウブントゥのように、そもそも知識は社会で共有されてはじめて知識たりえ、その場にいる人々に意味をなさなければ、どのような客観的かつ合理的な情報であっても知識ではないという考え方もあるだろう。このように知識が属するのが個人か社会か、という点で異なる考え方が存在する場合、時にこれらの知識観はすれ違ったり衝突したりすることがある。

例えば、予備校の人気講師がいたとしよう。その講師の授業を受けると、分からなかったところがよく理解できるようになり、成績が飛躍的に伸びると評判である。そのため、その講師の授業は倍率が高く、登録するのが大変で、受講料も他の講師より高い。あなたの友達もその講義を受けたがっていて、運よく受講できたあなたに、講義で使った教材や板書のメモを見せてほしいと言う。あなたは少し迷うが、講師が教えてくれているのは覚え方とか問題の解き方であって、実際の入試問題なわけではないし、多くの人の成績が上がった方が、予備校にとってもいいことじゃないかと思い、複数の友達にコピーを渡した。その友達は、また別の友達に頼まれてコピーを配り、結局、人気講師の授業の教材が、かなりの人に対して流出し、その中に、ライバル予備校の講師もいた。この場合、あなたは、大学に受かるためのノウハウは、共有知だから、自分だけが知るより、友達にも教えてあげたほうがいいと思ったかもしれない。他方、人気講師の立場からすると、彼／彼女が人気を得ているのは、非常によく練られて分かりやすいノウハウのお陰であり、それは、彼／彼女のオリジナルである。そういう意味では、そのノウハウは、「どう教えたら分かりやすいか」という問いに対し、あらゆる情報を分析した結果、生み出された知識なのである。

この例のように、個人や会社などが、自らが発明したり考案したりした知識を守るために知的財産権制度というものが設置されている。発明や考案の他、意匠、著作物、技術、デザイン、ブランドや音楽・映画等のコンテンツ、それに植物の新品種などがこの対象となる。この予備校講師の場合も、知的財産として認められれば、排他的権利を侵害されたとして法的措置に訴えることができるのである。

このように、法律によって認定し、登録する、といった制度上の取り扱いをすることにより、知識には、境界線で囲われた範囲が設定される。どこからどこまでが財産権の範囲だ、と決めることにより、その領域に関わる知識を使いたい者は使用料を払わなければならない。つまり、知識は、そのままであれば、誰でも使用して、何かの役に立てることができる（使用価値）が、範囲が規定されることによって、お金で売り買いできる交換価値を持つことになる。このことは、権利保護のために必要であると同時に、知識がビジネスの道具になるという可能性も秘めている。

工学や医学などの研究で、様々な展開が可能な基礎技術を発明し、特許を取ると、それは研究のうえで画期的なだけでなく、その後、その技術を発展させて応用技術を開発したい組織や研究者は、全てその基礎技術の特許保持者に使用料を払わなければならない。本当は、その知識の使用価値の高さからすれば、多くの人が活用し、技術を更に進歩させた方がいい状況でも、特許保持者の利益優先主義によって技術進歩が遅れてしまうことがありうる。

ｉＰＳ細胞を開発し、ノーベル生理学・医学賞を受賞した京都大学の山中伸弥教授は、あるインタビューのなかで、ｉＰＳの基本技術については、世界三〇か国で京都大学が特許を取得しており、そのうえで、ｉＰＳ細胞を使って研究をしたい場合、公的機関の研究者なら無償で、民間企業でも低額のライセンス料を払えば、特許を利用できるようなシステムを作ったと述べている。ｉＰＳ細胞は、人体の様々な臓器の再生医療に活用する可能性があり、医療の進歩のためには、京都大学の技術であるという境界は明確に確定したうえで、知識の交換価値を求めず、使用価値を最大限に活用することが重要だという認識であろう。しかし、実際に、アメリカのベンチャー企業が、マウスでの実験は京都大学が先でも、ヒトのｉＰＳ細胞は自分たちが先に作ったとして、特許を取ろうとしたこともあったという（週刊朝日 二〇一四）。ベンチャー企業は、当然、その基礎技術の特許によって莫大な利益を得ることをもくろんでいたわけである。

また、知的財産権とは、非常に多様な種類の知識を扱うものであるため、対象となるのは、科学的な実験に基づいた知識のように、競争は激しいものの、その知識生成に関わった個人や組織が特定できるというタイプのものばかりではない。なかには、もともと誰がつくったか明確でないものも少なくない。しかし、先に登録したほうが法律上の権利を有するため、そのことが知識の帰属に関する問題に発展することがある。

こうした古くからある知識と財産権の登録が衝突する例を挙げてみよう。東アフリカのエチオピアという国では、昔からテフという穀物を作っている。日本人にとってのコメのようなもので、エチオピア人のソウルフードである。この穀物は、粒が小さく、また根が浅いため、強風にあおられたり、雨で流されたりと、不作に悩まされることも多く、収穫が安定しない。それにもかかわらず、エチオピアの人々は、紀元前からの長い歴史を経て、少しずつ品種改良しながら、自分たちの舌に合い、エチオピアの風土で育てやすい作物にしてきたのである。そのテフをオランダの食品加工会社がヨーロッパ数か国で特許登録し、その栽培とテフを加工してできる食品の販売の権利を独占したのだった。このオランダの会社は、テフがグルテンフリーで、ミネラルが豊富であること、粉に挽けば、小麦粉の代わりに、ケーキやパンを作ることができることを発見した。先進国では、富裕層を中心に、健康食品への需要が高まっており、テフは、大きな利益が見込める作物である。このことから、オランダの会社は特許を取ったのであるが、原産国のエチオピアでは、それが外国の企業によって登録されることを事前に知らされていなかった。テフの商業的価値の高さもさることながら、それが、エチオピア社会で数千年にわたって蓄積されてきた共有知であり、品種改良の結果であったことから、「バイオパイラシー（生物資源の盗伐）」として批判が高まったのである。

問題は、もともと皆の共有財産だった知識を、外国の一企業がビジネス上の交換価値のために独占したということ、そして、本来は、生活のために活用する使用価値が重視されていた知識を、健康食品という全く違う使用価値に置き換え、本来の知識の所有者から奪ってしまったことである。実は、こうしたバイオパイラシーの問題は世界の様々な場所で起きている。特に、開発途上国で伝統的に栽培されていた植物が対象となることが多く、先進国企業による途上国の知識と、そこから派生する経済的利益の搾取として問題視されているだけでなく、近年は、生物多様性保護の観点からも、遺伝資源としての伝統作物の保全の必要性が訴えられている。

これまでの話から言えることは、知識には、公共財の側面と私有財の側面があること、そして、知識の中身を活用することによって得られる使用価値とともに、それを商品としてやり取りする交換価値も持ちうるということである。知識が交換価値を持つためには、どこからどこまでが知識の範囲かを確定しなければならない。多くの場合、人々に共有される知識とは、ふわふわとした雲のようなもので、誰かが新しい知恵を足したり、改良を加えたりしつつも、その改良者が明確に特定できない場合も多い。それは、まさにインターネット上でいつの間にか生成される知識のようである。しかし、そのようなふわふわしたものを、カバンに詰めてどこにでも運べるようにすることが交換価値を高めることであるならば、知識の交換価値とは、一方では論理性や抽象性を高めることであり、他方では、それが生成されたコンテクストから知識を切り離すことでもあるだろう。

知識をコンテクストから切り離すことはまた、その活用において、知識生成に関わった人々の意図とは異なる形で知識が使われる可能性を示唆している。従って、「知識が誰のものか」という本章の主題を考えるうえで、知識を生み出したのが誰で、その活用に対してどのような権限を持つか、ということを明らかにするだけでは不十分である。その知識を誰の、何の目的のために使うのか、ということも含めて、知識の帰属を考えていく必要があるだろう。

同時に、知識に「登録」という制度上の裏付けを与えることが、その知識が誰によってどのようにして生成されたかということとは無関係に、制度に熟達している者にその知識の所有者としての正統性を与えうることも分かる。人々が発明し、発想した知識を財産として法律上保護しなければならないという発想は、今や〃世界文化〃になっているとも言えるが、その根底にある権利・義務の観念は西欧的であると言える。日本のように、奪われては困る産業や技術に関する知識の事例が多い場合には、国家がその保護のための方策を能動的に練り、知的財産権保護に関わる法整備もなされてきている。しかし、その〃世界文化〃の普及は、地球全体に平均的に起こっているわけではない。国や地域によって、その観念が浸透していない場合、その権利を登録する制度は未発達である。「未発達」という言葉は、本来あるべきものが不十分だ、というニュアンスを持っているが、「本来あるべき」と決めたのは、西欧を中心とする先進国であり、世界の中にはその価値観を共有しておらず、制度設計にも参画してこなかった社会が沢山ある。自らの社会に内在していなかった価値観に基づいて制度がつくられ、それによって伝統的に持っていた知識の正統的帰属を奪われる。このことは、2章で述べた「学校化」した社会ではみ出し者が作り出される状況に似ている。ウェーバーの考えるように、社会の根底には共有化された価値観があり、それに基づいて社会を運営するために、法律や行政システムが整備されているならば、社会はその構成する人々すべてに共通する価値観に基づいているはずである。しかし、実際は、権力を持っている国や人々によってルールは作られており、力のない者は、その中に〃はみ出し者〃として、不利な立場で統合されていく。このように、社会の不平等の作られるメカニズムを説明し、その変更を訴えるのは新マルクス主義と言われる社会学の流れの一つである。

知識、権力とリーダーシップ

これまで述べてきたように、知識は社会に通底する価値観を形成し、それはやがて社会の構成員である我々自身の行動や選択肢をも規定する社会構造をつくり上げていく。ひとたび社会構造が出来上がってしまえば、我々は知識の意味を問うことなく、社会構造のなかで〝正統〟とされる知識のパッケージを受け取り、何も疑わずにそれに熟達することで生きていくことができる。しかし、それでは現状を受け入れて維持していくことはできても、社会を取り巻く環境の変化を読み取り、社会がどのような方向に向かうべきかを指し示すことはできないのではないか。

このような考えから、知識人（Intellectuals）が社会をリードすべきだ、という議論は、多くの思想家によって展開されてきた。しかし、実際には知識人とはどういう人々を指すのだろうか。何を知って、どのように行使する者が知識人なのだろうか。そして、それは一定の職業や階層に属する人々なのか、それとも誰でも知識人として社会を導く可能性があるのだろうか。

二〇世紀初頭のアメリカでは、民主主義を根付かせるために、教育が積極的な役割を果たすことができるはずだ、という考え方が様々に提示された。アメリカでは、一八七〇年に成人男性の参政権が、一九二〇年には女性の参政権の保障が連邦憲法に明記された。しかし、本当に人種や性別を超えて全ての成人が、国家や社会の進むべき道を考えて代表者を選んだり、代表者として社会を導いたりすることができるのだろうか、というのが当時の大きな議論の焦点であった。「大衆は、身近な狭い事柄にしか関心がなく、彼らに権限を持たせても社会が混乱するだけである。大局を見た判断ができるのは、専門的な訓練を受けた政府の役人や政治家であり、「知識人」と呼びうるのはこうした人々のみである」と述べる人々も少なくなかった。

そんな中、3章で、経験主義の教育学者として紹介したデューイは、「民主主義が機能しないとすれば、それは大衆が愚かで任せるに値しないのではなく、どのように知識を形成し、それを社会のために活かすかを知らないことが問題なのだ」と述べた。デューイが提唱し、実践しているような教育によって、生徒が学校での経験を通じて、自らが社会の責任ある構成員として行動することの意味や態度を身に付ければ、人々は、民主主義のシステムを運営する能力を十分に身に付けることができる、というのである。このデューイの立場では、特定の知識階級といったものを想定せずとも、誰でも「知識人」として社会の向上のために指導的役割を果たすことができるわけである。

一方、デューイと同じ頃に活躍した進歩主義教育学者のジョージ・カウンツは、学習者の主体的な動機に基づいた知識の習得や態度形成に対して過度な期待を寄せるのは問題だと述べている。つまり、学校は大きな社会構造の中にあって、社会における支配的な価値観に大きく影響されている。従って、教師が学校の外の価値観を疑わずに何となく言われたままに生徒を教えてしまったら、生徒は世の中を向上させるような素晴らしい発想は持たなくなってしまう。そのため、教師がどのような役割を果たすのかが極めて重要だ、というのがカウンツの考え方である。つまり、教師が「知識人」として、単なる行政の歯車ではなく、生徒、ひいては社会を導き、方向性を示さなければならない、というのである。

これらの考え方は、役人や政治家、教師といった職業を「知識人」の属性として重視するか否かという点で大きく異なるだけでなく、現存の社会をつつがなく動かしていくことを重視するか、逆に大幅な変革の可能性を認めているかという点においても異なっている。デューイやカウンツは、「知識人」を社会変革のリーダーとみなすのに対し、大衆に権限を持たす必要はない、と考える人々は、現状の社会がいい社会だから大きな変更は必要ないという前提に立っている。ただし、同じように社会変革の可能性を示唆する立場でも、カウンツは教師がリーダーシップを発揮することを期待するのに対し、デューイは、教師は触媒的な存在に過ぎず、本当に知識人たるべきは学習者一人一人であると考えている点では異なっている。

さて、二〇世紀初頭のアメリカを離れて、他の思想家の「知識人」観をたずねてみよう。本書の冒頭で紹介したパウロ・フレイレは、貧しい人たちが、なぜ自分たちは貧しいのか、そのような状況をもたらしている社会構造をどう変えていくべきなのかを意識化することが教育の重要な役割だと考えていたことは既に述べた。この場合、大衆の解放と自信の源は無意識あるいは考えるのをやめて受け入れてしまっていることを〝知り〟、〝意識化〟することである。教師は意識化を促す対話の相手ではあるが、大衆を指導する「知識人」ではない。世の中を変える力は、主体的に知って、それがどのような意味を持つのかを考え、他人に与えられたレッテルを疑う学習者自身に備わっている。だから、自ら考え、知ろうという意思のない者に知識は備わらず、「知識人」になることもない。

同時に、フレイレの考え方は、いかに漠然とした思いを知識習得という過程を通して言語化していくことが重要かを示している。言語化して他人に伝えられない思いや価値観は知識としての形を持たない。先に述べたアメリカの思想家たちの議論も、どのような人であれば、社会の現象や自らの置かれた状況に意味づけをし、概念として他者に伝えることができるか、というところから、大衆にそれを期待するか、一定の社会的立場にある人にそれを期待するかの違いであるとも考えられる。

フランスのブルデューは、「知識人」の役割は、特定の現象を特定のものとして終わらせずに普遍的な言葉で表現することにより、社会の広い言説に乗せていくことであるとしている。例えば、憲法改正や高大接続改革など、新聞をにぎわすような出来事は、それぞれは個別の事象であるが、それらが持ちうる社会的な影響をいろいろな状況に当てはまる普遍的な問題意識として提示することは、政治的な議論の形成でもある。だからこそ、知識は政治的な問題でもあり、そこでの「知識人」の役割は、言語化を通して、社会の想像力の枠を広げて見せることであると言える。

本書では、一貫して「問いのない情報の羅列は知識ではない」と述べてきた。問いを発するということは、自らの目の前にある現象がなぜ、どのようにして起きているのか、それがどのような影響を及ぼすのかについて、様々な情報を集め、考察して言語化することである。そしてそれが人々の間で共有されたり、取り交わされたりして様々な意味づけをされていくことによって、特定の事象を超える普遍性を持った知識となっていく。このようなやり取りを通して言説が形成されるとすれば、言説は、社会の有り様自体に働きかける(政治的な)力になる。その言説を作るのが、文筆家や思想家、政治家、新聞記者、教師など、特定の職業的属性を持った知識階層なのか、それともネットでつながった大衆なのか、という疑問に対する答えは一つではないだろう。一つ言えるのは、大衆はどうせ何も分かっていないから誰かが導かなければならない、といった統治の側からの発想や、面倒だから誰かがやってくれるのに任せる、といった無気力な、知識獲得を放棄しつつコンテクストから切り離された単語検索で情報を集める情報社会の生息者の姿からは、新しい発想や革新は生まれにくいだろうということである。

『オリエンタリズム』という本で有名なエドワード・サイードは、知識人は、権力におもねってはならないと述べている。真実を語るためには、何かの組織にどっぷりと帰属して、その立場を代表したり、その中での自分の立ち位置を考えてしまったりしてはならない。その意味で、何かのプロだと思ってそれを守ろうとするのでなく、常にアマチュアでいることが大事だという。例えば、東日本大震災の影響で福島第一原子力発電所において炉心が溶融し、放射性物質が流出した際に、なぜ危険性が事前に見逃されたのか、という議論が高まったことがある。事故が起きてしまってから、「危険性を認識し、警鐘を鳴らしていた研究者はいたのだが、そのような人々の意見は、政府や原子力研究の中枢にある原発推進の動きの中でかき消されていた」という指摘があがった（広瀬・明石 二〇一二）。科学的根拠に基づいて、最も説得力を持つ議論が展開できたかもしれない人々が口をつぐむとき、その権力の枠組みがいかに強固であるかを感じるとともに、「知識人」の社会的役割とは何かを改めて考えさせられる。

「知識人」には、問いを持って知識を生成し、それを言語化して人に伝えるだけでなく、そこに一定の道徳性や情熱が備わっていることも必要なのだと言えるかもしれない。サイードは、考えを語ったり、書いたり、教えたり、テレビに出演するなどして表現する職業は、知識人の属性として重要であるかもしれないが、本当に彼らの知識が人を動かすことができるとしたら、それは、肩書ではなく、その人がリスクを冒しつつも大胆に、自己の信念を語っていることが人に伝わるからだとしている。従って、こうした表現を何らかの職業の技法に矮小化することはできないのだと。

おわりに――知識生成と活用の自由化

グローバル化し、物事の価値や基準が流動的な現代において、何が正しいのかを判断することは勇気がいる。判断しなくて済むなら受け流したい場面もあるかもしれないし、判断したつもりの状況も刻々と変化し、自分の中の知識は常に再構成され続けなければならないだろう。一方、現代では、情報へのアクセスは、一見、かなり容易になっている。従来のように自ら本を探さなくても、情報はインターネットから簡単に入手することができ、簡単に分かった気になることができる。その一方で、我々は、便利なテクノロジーがどのような仕組みでできているか、どういう選択基準で自分の検索に対して情報が選び取られてくるのかをよく理解しているわけでもない。プロセスを知らない便利さは、権力者の作った社会構造を疑わず、〝正統的〟知識として提示されたものを無批判に受け入れることと本質的には変わらないと言える。知識に対して受け身であるということは、判断を先延ばしにすることを意味するが、もし流れに身を任せて、その結果、自分にとっては受け入れがたい現実が目の前に訪れたとしても、それは自らの選択の結果なのである。選ばないということも選択になってしまっている。

しかし、正解が必ずあるテストとは違い、現実の社会生活の中では、何を知れば知ったことになるのかと問われる読者もおられるだろう。3章の認識論の項で紹介したように、何かを知っていると言えるのは、目の前にある情報が真実であるかどうかを、何らかの基準によって判断することを伴う。その基準が、宗教や政治などの外在的権威によって与えられる場合、あるいは、物理の法則などのような合理的推論による場合、はたまた自分自身の経験に基づく判断による場合があると言われている。日常、いろいろなものを見聞きしても、それが真実なのかと検証しないまま受け流していれば、それは知識にはならない。従って、まずは何かについて「おや？」と疑問を持つことが知識生成の出発点である。そのうえで、その疑問を持った対象に対して、判断がなされる。メディアや政治家、教師のような権威者が提供する説明で、自分は納得がいくだろうか？それとも、そこには普遍的な法則性があって、その法則通りに物事は進んでいくと自分は思うのか？もし、外在的基準も法則性も納得がいく説明を自分に与えていると思えないなら、そこからは頼れるのは自分の直観、経験、そして、それに基づいて情報を集めて再構成する構想力しかない。

それは、創造的な作業である。つまり、情報の雲の向こう側に何が見えるか、何を見たいかという構想力＝イマジネーションがなければ知識生成の一歩を踏み出すことができない。また、こうした作業をすることは、自分自身が何を重要と思い、それがなぜなのかを突き詰めるという意味で、自己探索的でもある。それは簡単なことではないが、同時に、自分の発想を縛ったり邪魔したりしていたものの正体が分かり、思考が自由になることにもつながる。そして、そのような解放された思考に基づいて読む本、接する人や作品などは、それまで自分が思ってもいなかったような意味を自分に対して示してくるかもしれない。そうなると知識を組み立てることの快楽は、あなたを更に知識渉猟に駆り立てるだろう。

「おや？何か変だな」とか「ここは居心地が悪いな」と思うことは、自己の内面から「ちゃんと知りたい、納得したい」という欲求が訴えているサインであると言える。従って、そのサインに気づかないふりをして、無難に社会構造の中で生きていこうとするよりも、まずは「なぜ自分の内側からそんな声が聞こえてきたのか」と問うことだ。本書では、社会構造がいかに強い力で我々の思考に枠をはめて知識生成を制限してしまっているかを述べてきた。しかし、知識をその枠に納めてしまって、その外に想像力を広げずにいるのは我々自身でもある。

様々な思想家が「知識人」の役割として、社会の想像力を広げ、それを言語化して人々に示すことだと述べているのは、目の前に与えられた情報をそのまま受け止めていただけでは浮かび上がってこなかった新しい発想や、これまで限界と思われていたものを乗り越える道筋を示すことで、知識は一人の愉しみや束縛からの解放だけではなく、社会に共有された希望にもなりうるからである。

社会科学の研究をしていると、現代は、社会科学の基礎がつくられた時とは環境が大きく変わっており、学問をする者が現実に追い付かなければならないと思うことは多い。社会が「学校化」するということは、行政機構や学問の世界でも枠組みがしっかりと出来上がってしまうことでもある。従って、若者が学校教育の中に取り込まれて受験競争にあえぐように、学問の世界も、先行研究を踏まえ、各分野で評価されるような表現方法、分析アプローチ、テーマ設定等をしなければならないという暗黙の囲いがある。こうした知識生成を生業としているはずの研究者の世界ですら学校化しているのだとしたら、我々は、サイードの言うように、アマチュア精神で、大胆にパラダイムを乗り越えることも必要なのかもしれない。

図６　知識－判断と構想力の関係を示す図

本書では、人間の歴史上、知識が社会構造を変える契機が幾度もあったことを述べた。コペルニクスの地動説のように、最初は例外的な意見だと思われたものが、やがて、実は多くの事象を説明できるものとして広く認識されるようになると、クーンが指摘したパラダイム・シフトが起こる。現代にどのようなパラダイム・シフトがあるのか、また必要なのかは分からないが、そうした変化をもたらしてきたのは、常に、自らの「問い」をもって情報を精査し、論理的に考えた結果を言語化して他者に共有した人々であった。この言語化された知識は、人々が意見を交換したり、それに関連づけて別の事象を説明しようとしたりする相互作用（言説）の中で共有知となる。この共有知がインターネットというバーチャルな世界の中で作られるのも現代ではよくあることである。大事なのは、そうして作られる共有知を出来上がったものとしてただ受容するのではなく、なぜ、誰によって、どのようなプロセスを経てその知識が形成されたかを我々自身が批判的に考察し、自らの問いにつなげていくことであろう。人は知ることを選び、そして、そのことに責任を持つことができるのである。

我々は、このブックレット・シリーズの中核課題として「知識」を掲げた。その趣旨は、教育学、社会学、人類学など、学問の枠組みを出発点として、出来上がった知識体系に沿って発想するのではなく、知識を軸とし、知識がどのように人々によって体得され、活用され、その社会的意味が変化していくか、という観点から、教育・学習という営みを捉え直すことである。本書で見てきたように、知識は、人間の生活のあらゆる営みの根本にあるものである。２巻以降では、ネット社会での言説、キャリアパスの多様性、伝統知と学校知、女性、災害、紛争、環境と消費、メディア、移民、ディスタンスラーニング、子どもの貧困、市民性など、様々なテーマを取り上げていく予定である。各巻の執筆者は、それぞれの分野の専門家であるとともに、批判的に既存の発想の枠を超えて知識を論じられる方々に依頼をしているつもりである。

単純に面白がりながら、しかし、読み終わったときに、読者諸氏が、少しでも自らの問いをもった「知識人」として社会に関わるきっかけになれば、望外の喜びである。

引用・参考文献

アップル、マイケル著、浅沼茂・松下晴彦訳（一九九二）『教育と権力』日本エディタースクール出版部
アンダーソン、ベネディクト著、白石隆・白石さや訳（二〇〇七）『定本　想像の共同体』書籍工房早山（原著一九八三）
伊勢田哲治（二〇〇四）『認識論を社会化する』名古屋大学出版会
イリイチ、イヴァン著、東洋・小澤周三訳（一九八一）『脱学校の社会』東京創元社（原著一九七一）
大田堯（一九九五）『なぜ学校へ行くのか』岩波書店
カドゥシン、C著、五十嵐祐監訳（二〇一五）『社会的ネットワークを理解する』北大路書房
川床靖子（二〇〇七）『学習のエスノグラフィー』春風社
クーン、トーマス著、中山茂訳（一九七一）『科学革命の構造』みすず書房
ケイ、エレン著、原田実訳（一九三八）『児童の世紀』冨山房
国立教育政策研究所（二〇一五）『ＯＥＣＤ生徒の学習到達度調査（ＰＩＳＡ二〇一五）のポイント』http://www.nier.go.jp/kokusai/PISA/pdf/2015/01_point.pdf（二〇一八年六月一日アクセス）
サイード・エドワード著、今沢紀子訳（一九九八）『知識人とはなにか』平凡社
佐伯胖（一九七五）『「学び」の構造』東洋館出版社
佐藤学（一九九六）「現代学習論批判—構成主義とその後」堀尾輝久・須藤敏昭編（一九九六）『講座学校５　学校の学び・人間の学び』柏書房、一五三—一八七頁
週刊朝日（二〇一四）『山中伸弥教授が語る：iＰＳ細胞特許をめぐる「仁義なき戦い」』二〇一四年一一月七日号

須藤敏昭（一九九六）「学習観・授業観の転換」堀尾輝久・須藤敏昭編『講座学校5　学校の学び・人間の学び』柏書房、一一五―一五二頁
総務省（二〇一七）『労働力調査（詳細集計）平成二八年（二〇一六年）平均（速報）結果』http://www.stat.go.jp/data/roudou/sokuhou/nen/dt/index.htm 平成三〇年一月二八日アクセス
総務省（二〇〇九）『インターネット検索エンジンの現状と市場規模等に関する調査研究報告書』総務省　情報通信政策研究所
曽我雅比児・皿田琢司編著（二〇〇八）『教育と人間の探求―子どもがわかる・教育がわかる』大学教育出版
高橋勝（二〇〇二）『文化変容のなかの子ども』東信堂
戸田山和久（二〇〇二）『知識の哲学』産業図書
ドーア、ドナルド著、松居弘道訳（一九七八）『学歴社会　新しい文明病』岩波書店
中内敏夫（一九九八）『「教室」をひらく』藤原書店
中野光（一九九六）「『学校知』の成立と批判の歩み」堀尾輝久・須藤敏昭編『講座学校5　学校の学び・人間の学び』柏書房、四七―七七頁
西岡加名恵・石井英真・田中耕治編著（二〇一五）『新しい教育評価入門―人を育てる評価のために』有斐閣
貫成人（二〇〇三）『図解雑学　哲学』ナツメ社
野口裕之・大隅敦子（二〇一四）『テスティングの基礎理論』研究社
ノディングス、ネル著、宮寺晃夫監訳（二〇〇六）『教育の哲学―ソクラテスから〈ケアリング〉まで』世界思想社
バーバー、ベンジャミン著、鈴木主税訳（一九九七）『ジハード対マックワールド』三田出版会
広瀬隆・明石昇二郎（二〇一一）『原発の闇を暴く』集英社

フーコー、ミッシェル著、田村俶訳（一九七五）『狂気の歴史：古典主義時代における』新潮社
フクヤマ、フランシス著、渡辺昇一訳（一九九二）『歴史の終わり』三笠書房
フレイレ、パウロ（一九七九）『被抑圧者の教育学』亜紀書房
堀尾輝久・須藤敏昭編著（一九九六）『講座学校5　学校の学び・人間の学び』柏書房
ロゴフ、バーバラ著、當眞千賀子訳（二〇〇六）『文化的営みとしての発達—個人、世代、コミュニティ』新曜社
山田肖子（二〇一四）「解釈する能力と情報を反復する能力：アフリカ伝統社会での教育からの投影」『主体的学び』2号、一〇一～一一四頁、東信堂
———（二〇〇九）『国際協力と学校：アフリカにおけるまなびの現場』創成社
Abdi, A. (2008). "Europe and African Thought Systems and Philosophies of Education: 'Re-culturing' the trans-temporal discourses." *Cultural Studies*, Vol. 22, No. 2, pp. 309-327.
Alsayyad,Nezar and Manuel Castells (Eds)(2002). *Muslim Europe or Euro-Islam: Politics, Culture, and Citizenship in the Age of Globalization.* Lexington Books.
Baker, David P. (2014). *The Schooled Society: The Educational Transformation of Global Culture.* Stanford University Press.
Becker, Gary S. (1964). *Human Capital: A Theoretical and Empirical Analysis with Special Reference to Education.* Chicago: University of Chicago Press.（佐野陽子訳（一九七六）、『人的資本』東洋経済新報社）
Bowles, Samuel and Herbert Gintis (1975). "The Problem with Human Capital Theory – A Marxian Critique". *The American Economic Review*, 65(2), pp. 74-82.
Dewey, John (1929), "My Pedagogic Creed," *Journal of the National Education Association*, Vol. 18, No. 9, pp. 291-295.
Eze, Michael Onyebuchi (2010). *Intellectual History in Contemporary South Africa.* Palgrave Macmillan.

Klein, J. T. 2005. Humanities, Culture, and Interdisciplinarity: The Changing American Academy. Albany: State University of New York Press.

Lave, Jane and Etienne Wenger (1991). *Situated Learning: Legitimate Peripheral Participation*. Cambridge University Press

Olson, David R. and Jerome S. Bruner (1996). "Folk Psychology and Folk Pedagogy" in David R. Olson and Nancy Torrance (Eds), *The Handbook of Education and Human Development*, Wiley-Blackwell.

Piaget, Jean (1956), *The Origins of Intelligence in Children*, New York: International Universities Press, Inc.

Popkewitz, T. and Brennan, M. (1997) Restructuring of Social and Political Theory in Education: Foucault and a Social Epistemology of School Practices. *Educational Theory* 47(3), 287-313.

Schultz, Theodore (1961). "Investment in Human Capital," *The American Economic Review*, Vol. 51, No. 1, pp. 1-17.

Yamada, Shoko, Kiyoshi Fujikawa, and Krishna Pangeni (2015). "Islanders' Educational Choice: Determinants of the Students' Performance in the Cambridge International Certificate Exams in the Republic of Maldives." *International Journal of Educational Development*, Elsevier. Vol. 41, pp. 60-69.

著者

山田　肖子（やまだ しょうこ）　名古屋大学共創教育研究機構・大学院国際開発研究科教授

専門は教育社会学、国際開発学、アフリカ研究。開発途上国に対する国際教育協力のグローバルな議論や、文化の異なる社会での知識の意味について研究している。主著に『国際協力と学校―アフリカにおける学びの現場』（単著、創成社、2009年）、*Post-Education-for-All and Sutainable Development Paradigm: Structural Changes with Diversifying Actors and Norms*（単編著、Emerald Publishing, 2016)、『比較教育学の地平を拓く：多様な学問観と知の共働』（共編著、東信堂、2013 年）など。

越境ブックレットシリーズ　1

知識論――情報クラウド時代の“知る”という営み

2019 年 6 月 25 日　初　版第 1 刷発行　〔検印省略〕

＊定価は表紙に表示してあります

著者 © 山田肖子　発行者 下田勝司　装幀 田宮俊和　印刷・製本　中央精版印刷

東京都文京区向丘 1-20-6　郵便振替 00110-6-37828

〒 113-0023　TEL 03-3818-5521 (代)　FAX 03-3818-5514

発 行 所　株式会社 東 信 堂

E-Mail tk203444@fsinet.or.jp　URL http://www.toshindo-pub.com/

Published by TOSHINDO PUBLISHING CO.,LTD.

1-20-6, Mukougaoka, Bunkyo-ku, Tokyo, 113-0023, Japan

ISBN978-4-7989-1566-1 C3037

東信堂

書名	著者	価格
いま、教育と教育学を問い直す—教育哲学は何を究明し、何を展望するか	森田尚人・松浦良充 編著	三二〇〇円
教育的関係の解釈学	坂越正樹監修	三二〇〇円
教員養成を哲学する—教育哲学に何ができるか	林泰成・山名淳・下司晶・古屋恵太 編著	四二〇〇円
大学教育の臨床的研究—臨床的人間形成論第1部	田中毎実	二八〇〇円
臨床的人間形成論の構築—臨床的人間形成論第2部	田中毎実	二八〇〇円
人格形成概念の誕生—近代アメリカの教育概念史	田中智志	三六〇〇円
社会性概念の構築—アメリカ進歩主義教育の概念史	田中智志	三八〇〇円
空間と時間の教育史—アメリカの学校建築と授業時間割からみる	宮本健市郎	三九〇〇円
アメリカ進歩主義教授理論の形成過程—教育における個性尊重は何を意味してきたか	宮本健市郎	七〇〇〇円
ネオリベラル期教育の思想と構造—書き換えられた教育の原理	福田誠治	六二〇〇円
マナーと作法の社会学	加野芳正編著	二四〇〇円
マナーと作法の人間学	矢野智司編著	二〇〇〇円
学びを支える活動へ—存在論の深みから	田中智志編著	二〇〇〇円
グローバルな学びへ—協同と刷新の教育	田中智志編著	二〇〇〇円
子どもが生きられる空間—生・経験・意味生成	高橋勝	二四〇〇円
流動する生の自己生成—教育人間学の視界	高橋勝	二四〇〇円
子ども・若者の自己形成空間—教育人間学の視線から	高橋勝編著	二七〇〇円
文化変容のなかの子ども—経験・他者・関係性	高橋勝	二三〇〇円
アメリカ 間違いがまかり通っている時代—公立学校の企業型改革への批判と解決法	D・ラヴィッチ著 末藤美津子訳	三八〇〇円
教育による社会的正義の実現—アメリカの挑戦（1945-1980）	D・ラヴィッチ著 末藤美津子訳	五六〇〇円
学校改革抗争の100年—20世紀アメリカ教育史	D・ラヴィッチ著 末藤・宮本・佐藤訳	六四〇〇円
アメリカ公立学校の社会史—コモンスクールからNCLB法まで	W・J・リース著 小川佳万・浅沼茂監訳	四六〇〇円

越境ブックレットシリーズ

書名	著者	価格
⓪教育の理念を象る—教育の知識論序説	田中智志	一二〇〇円
①知識論—情報クラウド時代の〝知る〟という営み	山田肖子	一〇〇〇円
②知識・女性・災害	天童睦子	続刊

〒113-0023 東京都文京区向丘 1-20-6 TEL 03-3818-5521 FAX03-3818-5514 振替 00110-6-37828
Email tk203444@fsinet.or.jp URL:http://www.toshindo-pub.com/
※定価：表示価格（本体）＋税

東信堂

書名	著者	価格
若手研究者必携 比較教育学の研究スキル	山内乾史編著	一七〇〇円
リーディングス 比較教育学 地域研究—多様性の教育学へ	近藤孝弘・中矢礼美・西野節男 編著	三七〇〇円
比較教育学事典	日本比較教育学会編	一二〇〇〇円
比較教育学の地平を拓く	山田肖子・森下稔 編著	四六〇〇円
比較教育学—越境のレッスン	馬越徹	三六〇〇円
比較教育学—伝統・挑戦・新しいパラダイムを求めて	M・ブレイ編著 馬越徹・大塚豊監訳	三八〇〇円
塾・私的補習の国際ルール	M・ブレイ、O・クウォ著 森・早坂・佐久間・田中・高嶋・大和訳	二〇〇〇円
国際教育開発の研究射程—「持続可能な社会」のための比較教育学の最前線	北村友人	二八〇〇円
国際教育開発の再検討—途上国の基礎教育普及に向けて	小川啓一・西村幹子・北村友人 編著	二四〇〇円
ペルーの民衆教育—「社会を変える」教育の変容と学校での受容	工藤瞳	三二〇〇円
アセアン共同体の市民性教育	平田利文編著	三七〇〇円
市民性教育の研究—日本とタイの比較	平田利文編著	四二〇〇円
社会を創る市民の教育—協働によるシティズンシップ教育の実践	大友秀明・桐谷正信 編著	二五〇〇円
アメリカにおける多文化的歴史カリキュラム	桐谷正信	三六〇〇円
アメリカ公民教育におけるサービス・ラーニング	唐木清志	四六〇〇円
発展途上国の保育と国際協力	浜野隆・三輪千明 著	三八〇〇円
中国教育の文化的基盤	顧明遠著 大塚豊監訳	二九〇〇円
中国大学入試研究—変貌する国家の人材選抜	大塚豊	三六〇〇円
東アジアの大学・大学院入学者選抜制度の比較—中国・台湾・韓国・日本	南部広孝	三二〇〇円
中国高等教育独学試験制度の展開	南部広孝	三二〇〇円
現代ベトナム高等教育の構造—国家の管理と党の領導	関口洋平	三九〇〇円
中国の職業教育拡大政策—背景・実現過程・帰結	劉文君	五〇四八円
中国における大学奨学金制度と評価	王帥	五四〇〇円
中国高等教育の拡大と教育機会の変容	王傑	三九〇〇円
中国の素質教育と教育機会の平等—都市と農村の小学校の事例を手がかりとして	代玉	五八〇〇円
現代中国初中等教育の多様化と教育改革	楠山研	三六〇〇円
グローバル人材育成と国際バカロレア—アジア諸国のIB導入実態	李霞編著	二九〇〇円

〒113-0023 東京都文京区向丘 1-20-6 TEL 03-3818-5521 FAX03-3818-5514 振替 00110-6-37828
Email tk203444@fsinet.or.jp URL:http://www.toshindo-pub.com/

※定価：表示価格（本体）＋税